한눈에 읽는 외식창업 성공이야기 [시리즈 4]

건강 · 행복 · 웰빙의 상징
한식 전문점

김병욱 지음

 킴스정보전략연구소

김 병 욱 소장

    킴스정보전략연구소 소장인 김병욱 박사는 소상공인 창업 지원 연구, 개발, 평가, 심사, 위원으로 활동하고 있으며, 삼성그룹사가 작사와 1등을 뛰어넘는 2등 전략과 창업 틈새 전략 외 150여 권의 저서를 발표한 바 있다.

    그 밖에 방송·산업체 강의, 평가 등의 활동과 동시 월스트리트저널에 의해 21세기 아시아 차세대 리더에 선임된 바 있는 정보전략가임과 동시 경영컨설턴트이다.

Contents

Contents

Contents

I

한식전문점의 창업과
데코레이션 및 메뉴구성

1. 한식 전문점 유형별 종류와 창업

1) 한식의 유형별 분류

국내 전통 한식의 유형별 종류를 분류해보면 다음과 같다.

〈표1〉 한식의 유형별 종류

품목	세부종목	품목	세부종목
해물류	조개찜 조개구이 게찜 바닷가재찜 낙지볶음 굴회 오징어볶음	전류	파전 빈대떡 모듬전 오코노미야키
생선류	갈치구이 코다리찜 광어회 장어구이 장어직화 장어양념구이	국물류	된장찌개 부대찌개 청국장 순두부 북어국
육류-쇠고기	쇠고기등심 쇠고기갈비 쇠고기 불고기 쇠고기 샤브샤브	디저트류-빵	샌드위치 초콜릿 케이크 와플 바게트

육류-돼지고기	돼지고기 삼겹살 돼지갈비 돼지등갈비	디저트류-음료	생과일주스 아이스크림 빙수 생과일 요거트 스무디
육류-닭고기	닭튀김 삼계탕 닭강정 닭갈비	디저트류-커피	커피 북카페 애견카페 키즈카페
육류-족발	족발 냉족발 오븐구이족발 쌈족발	출장음식	도시락 제사음식 홈파티
면류	자장면 짬뽕 냉면 잔치국수 메밀	주류	소주 맥주 생맥주 와인 막걸리
탕류	갈비탕 샤브샤브 설렁탕 삼계탕 매운탕	분식류	순대류 튀김 떡볶이 우동 김밥
한식	비빔밥 패쌈밥 영양밥 김밥 죽	뷔페류	패밀리뷔페 해산물뷔페 고기뷔페 샐러드뷔페 디저트뷔페 채식뷔페

2) 한식종목별 구성

    음식점 창업도 명백한 기업 창업이다. 창업비용의 일부를 은행에서 빌리려면 소자본 창업이나 기업 대출을 이용해야 하기 때문이다. 누구나 직장 생활에 빠듯하게 쫓기다 보면 이것저것 다 집어던지고 장사를 하고 싶다는 생각이 들 때가 있다. 혹은 장사를 잘되는 음식점 앞을 지나가다 보면 자신도 모르게 음식점을 하고 싶다는 생각이 든다. "내가 과연 음식 장사를 잘 할 수 있을까?" 그런 의문이 드는 순간이 바로 시작할 수 있는 기회가 된다.

    창업할 수 있는 외식 종목들 간 콜라보레이션(모둠+조합) 메뉴를 정리해 보면 다음과 같다.

    한정식 전문점/산채요리 전문점/나물요리 전문점/약선요리 전문점/궁중요리 전문점/사찰음식 전문점/한식당/한식배달 전문점/생선구이백반 전문점/연탄구이백반 전문점/우렁된장 전문점/대통밥 전문점/중화요리 전문점/중화요리 뷔페/테이크아웃 중화요리 전문점/중화요리 패밀리 레스토랑/기사식당/5,000원 기사식당/돼지김치찌개 전문 기사식당/해물탕 전문 기사식당/연탄구이 기사식당 일식집/활어횟집/장어 전문점/초밥 전문점/퓨전초밥 전문점/회전초밥 전문점/일본음식 전문점 보쌈 전문점/부대찌개 전문점/수제 부대찌개 전문점/빈대떡 전문점/족발 전문점/닭갈비 전문점/찜닭 전문점/바비큐 치킨 전문점/통닭 전문점/닭볶음탕 전문점/삼계탕 전문점/죽 전문점/덮밥 전문점/비빔밥 전문점/돌솥밥 전문점/가마솥밥 전문점/철판볶음밥 전문점/참치회 전문점/꽃게탕 전문점/해물탕 전문점/밀물새우 전문점/낙지요리 전문점/랍스타 전문점/조개구이 전문점/꼬치구이 전문점/밴댕이요리 전문점/올갱이국 전문점/돼지갈비 전문점/삼겹살 전문점/생고기 전문점/연탄불고기 전문점/화로숯불고기 전문점/한우 전문점/떡볶이 전문점/분식 전문점/만두 전문점/즉석김밥 전문점/카레요리 전문점/수제어묵 전문점/수제햄버거 전문점/수제핫도그 전문점/호두과자 전문점/왕만두 전문점/멸치국수 전문점/잔치국수 전문점/회국수 전문점/막국수 전문점/우동 전문점/라면 전문점/칼국수 전문점/손칼국수 전문점/콩칼국수 전문점/바지락 칼국수 전문점/수제비 전문점/닭수제비 전문점/퓨전음식 전문점/일식돈가스 전문점/바비큐 전문점/샤브샤브 전문점/버섯요리 전문점/두부요리 전문점/두루치기 전문점/보리밥 전문점/쌈밥 전문점/떡갈비 한정식 전문점 추어탕 전문점/매운탕 전문점/동태탕 전문점/감자탕 전문점/영양탕 전문점/오리요리 전문점/설렁탕 전문점/해장국 전문점/뼈다귀 해장국 전문점/콩나물 해장국 전문점/소해장국 전문점/ 카페/락카페/북카페/룸카페/커피숍/룸커피숍/테이크아웃커피 전문점/보드게임 카페/클럽/막걸리 전문점/연탄불 생선구이 주점/일본식 주점/퓨전 주점/연탄불 안주 주점/철판요리 주점/포차 주점/맥주 전문점/세계맥주 전문점/호프 전문점/소주방/단란주점/룸살롱/노래방/비즈니스 바/웨스턴 바/칵테일 바/마술쇼 바/모던 바/섹시 바/제과점/떡 전문점/피자 전문점/파스타 전문점/스파게티 전문점/이태리요리 전문점/프랑스요리 전문점/터키요리 전문점/베트남쌀국수 전문점/양꼬치 전문점/말 전문점/북한음식 전문점/그 외 외국음식 전문점/패스트푸드/패밀리 레스토랑/샐러드 레스토랑/해물 뷔페/고기 뷔페/가든형 음식점/반찬집/1만원 고기안주 주점/1만원 해산물 안주 주점/무한리필 안주 주점/무한리필 음식 전문점/무한 토핑 주점

3) 한식의 연령별 선호도

젊은 사람들은 싸고 푸짐한 음식을 좋아한다. 특히 여학생들 사이에서 선풍적인 인기를 얻고 있는 닭갈비는 떡볶이와 유사하지만 고기류라는 점에서 호응이 크다. 닭갈비는 가격도 여중생 몇 명이 돈을 합치면 먹을 수 있을 정도로 저렴하기 때문에 '닭갈비 먹기 모임'이 있을 정도이다. 저렴하면서도 눈으로 보기에도 푸짐한 음식, 그리고 먹을 때 기분을 낼 수 있는 음식은 젊은 층이 좋아한다. 예

를 들면, 오리 요리를 닭갈비 방식으로 조리를 하면 더 맛이 있지만 가격이 비싸 젊은 층은 잘 먹지 못한다.

이와 달리 연령이 30세를 넘으면 사람들은 점차 건강을 생각하기 때문에 같은 매운탕 요리라 할지라도 인삼이나 대추가 들어가 있는 건강식 보양 매운탕을 즐겨 먹게 된다.

<그림1> 나이별로 보는 음식 선호도

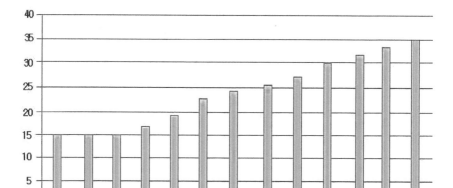

2. 한식전문점 창업요소와 결정

한식업계는 셀 수 없을 정도로 많은 종류의 음식이 존재한다. 그런데 그 중에 사람들의 입맛과 취향에 따라 그 인기는 오르락내리락 하지만 항상 한결같은 게 하나 있다. 바로 밥과 반찬 그리고 국을 위주로 하는 한식이다. 매일 먹어도 질리지 않는 밥과 김치에서 시작되는 한식은 늘 우리 곁에서 함께하기 때문이다. 여러 종류의 외식업 중에서 한식은 대체로 매출 변동 폭이 가장 적다. 그래서 외식업을 생각하는 적지 않은 예비창업자들은 한식을 가장 먼저 생각하게 되는 것이다.

한식 프랜차이즈를 하기로 결정했다고 해도 그것이 끝은 아니다. 한식만 해도 적지 않은 종류의 프랜차이즈가 있기 때문이다. 고기나 분식류를 제외하더라도 설렁탕, 순댓국, 보쌈, 김치찌개 등 그 종류가 끝도 없을 정도로 많다. 메뉴를 정한 뒤에 또 다시 브랜드를 선택하는 것도 쉽지 않다. 그 중에서 어떤 것을 선택해야 제대로 운영하고 목표한 매출을 올릴 수 있는지는 오로지 창업자 본인의 몫이다. 외식업은 그 자체만으로도 힘든 일이고, 잘 되기는 더 힘들다. 어떤 브랜드가 자신에게 맞고 잘할 수 있는지 생각하고 또 생각해야 한다. 한식의 특성상 1, 2년이 아닌 10년 이상 길게 보는 경우가 대부분이기 때문에 그 전에 한식에 대한 기본적인 인식과 요리 방법을 익히는 것은 필수이다.

1) 쉬워 보이지만 어려운 한식

우리는 대체로 하루 세 끼 밥과 반찬을 먹는다. 반찬은 때로는 국이나 찌개가 될 수도 있고, 다양한 채소나 고기류가 조리된 것일 수도 있다. 이러한 이유로 한식을 먹을 수 있는 매장에서도 '백만'이라고 불리는 메뉴부터 셀 수 없이 많은 메뉴들이 있다. 그래서 한식 매장, 즉 식당을 운영하는 것은 매우 복잡하고 어려운 것으로 치부된다. 아무리 간단하게 하더라도 메인 메뉴 외에 두세 가지 반찬은 반드시 있어야하기 때문이다. 실제로 한식 프랜차이즈 브랜드를 운영하는 점주들도 다른 업종에 비해 업무가 매우 힘들다고 입을 모아 말한다.

하지만 이런 어려움들이 있기 때문에 반대로 한식 매장을 운영하는 것은 많은 장점을 갖고 있다. 메인 메뉴가 맛이 덜 하거나 다소 부족해도 다양하고 맛있는 반찬으로도 충분히 매력을 어필할 수 있기 때문이다. 한식의 특성상 자주 먹어도 다른 메뉴보다 덜 질리기 때문에 기본이 갖춰진다면 단골손님을 확보하기도 더 용이하니 아이러니한 아이템인 것이 분명하다.

(1) 유동 인구를 보고 입점하는 술안주 음식

닭갈비나 아귀찜 같은 술안주는 소득 수준과 관련 없으므로 무조건 유동 인구를 보고 입점해야 한다. 예를 들어 닭갈비는 주민들의 소득 수준과 관계없이 먹고 싶을 때 먹는 음식이지만 일단 가격이 비교적 저렴하다는 장점이 있다. 따라서 유동 인구를 보고 입점하되 젊은 층 유동 인구가 많은 곳에 입점해야 한다.

아귀찜은 중산층이나 서민들이 먹고 싶을 때 찾아가서 먹는다. 또한 주당들의 눈에 띄어 먹고 싶으면 먹고, 다른게 당기면 안 먹게 되는 음식이다. 아귀찜이 닭갈비와 다른 점은 가격이 비싸다는 점이다. 따라서 유흥가나 번화가, 업무밀집 지역 중,장년층 유동 인구가 많은 지역이 아귀찜의 좋은 입지 조건이 된다. 치킨을 안주로 취급하는 호프집도 소득 수준, 유동 인구를 가리지 않는다. 어디서나 통하지만 가급적 유동 인구가 많은 곳에 입점하는 것이 유리하다.

(2) 끼니를 때우기 위해 먹는 음식

끼니를 때우기 위해 먹는 음식이 한식이나 우동, 분식들이다. 이런 음식들은 소득 수준이 높은 지역에서는 음식의 품질과 서비스, 메뉴 아이템, 인테리어의 수준을 높이고 가격을 제대로 받아도 끼니를 때우기 위해 먹기는 먹어야 하므로 매출이 꾸준하게 유지된다.

서민 밀집 지역에서는 끼니를 때우기 위해 먹는 음식이 가격까지 비싸면 차라리 집에서 해먹게 되므로 가격을 낮추어야 한다. 만일 낮춘 가격 때문에 이익률이 낮아져 채산성 확보가 어렵다면, 애초에 한식집을 창업할 때 생선구이, 장어정식 등의 고급 메뉴를 추가해 서민지역 식당치고는 좋은 메뉴를 많이 취급하는 제대로 된 식당으로 창업을 해야 한다. 제대로 된 한식당이라면 가격을 낮추지 않고 받을 만큼 받으면서도 매출이 꾸준하게 발생한다.

(3) 관통도로와 교통량에 따른 매출

관통도로란 시 경계선에서 시내와 시외를 연결하는 주요 도로를 말한다. 적은 자본으로 음식 장사로 한몫 잡고 싶다면 이들 관통도로의 교통량을 분석하는 것이 좋다. 국내에는 도시 크기가 매우 크고 근처에 거대 위성 도시를 끼고 있어도 관통도로에 하루 20만대가 넘는 교통량을 보이는 지역이 없다. 그럼 관통 도로의 교통량이 대강 어느 정도이면 음식점의 장사가 잘되는 것일까?

교통량이 많이 발생하는 관통 도로에는 도로를 따라 여러 개의 핵심 상권이 자생하고 있다. 음식점을 이 핵심 상권에 입점시키는 것도 좋은 방법이지만 건물 임대료가 비싸다. 이럴 경우에는 교통량을 믿고 대로변에 음식점을 입점시키는 것도 생각해볼 만하다. 남태령 고개를 예로 들어보면, 남태령 고개는 경기도 과천과 서울 사당동을 연결하는 고개 이름이다. 이 고개를 따라 서울 방향으로 발전한 상권이 사당동 역세권이다. 그 밑으로는 방배동 상권이 있다. 예전에는 시계를 연결하는 단순한 도로에 불과했으나 서울 외곽에서 서울 시내로 출퇴근하는 사람들이 많아지면서 사당동은 대형 상권으로 발전하였다. 하루 교통량 9만 대가 되면 그중 사람들이 운집하는 지역이 크게 번성한다는 뜻이다. 사당역 등지에 직장이 있는 사람들, 사당역에 주거지가 있는 사람들, 사당역 등에서 지하철과 시외버스를 갈아타는 사람들이 모여 큰 상권을 만들어 낸다.

관통 도로와 같은 대로변에 음식점을 입점시킬 때는 하루 평균 5만 대 정도의 교통량이 발생하는 도로로 생각해볼 만하다. 5만 대 수준이면 대강 맛이 있거나 분위기가 있는 요식업소라면 매출이 일정 이상으로 발생한다. 그렇다면 교통량 계산은 어떻게 하나? 어떤 한 지점의 교통량은 일반적으로 출근이 시작되는 아침 7시를 전후로 해서 늘어나기 시작한 뒤 8시부터 9시 사이가 그날의 최고 피크 타임이 된다. 그런 뒤 교통량이 일정 수준으로 계속 유지되다가 오후 퇴근 시간이 되자 교통량이 다소 늘어났다가 새벽 1시면 현저하게 줄어든다는 공통점이 있다.

즉 아침 9시대에 피크를 이루고 점심을 전후로 약간씩 줄어들었다가 저녁 퇴근 시간대에 다시 피크를 이룬 뒤 새벽 1시까지 천천히 감소하다가 새벽 1시를 넘으면 현저하게 줄어든다. 이로 인해 아침 피크 시간대의 교통량과 교통량이 제일 적은 새벽 4시경의 교통량은 3배에서 5배 정도의 차이가 발생한다. 이 교통량을 조사할 때는 다음 방식으로 조사하는 것이 좋다.

관통 도로에서의 교통량은 오전(07~09시), 점심(11~14시), 퇴근 시간(17~19시) 사이에 측정한다. 새벽 1시부터 아침 7시까지의 교통량은 피크 타임의 3분의 1로 계산한 후 평균을 잡으면 하루 교통량의 윤곽이 대강 잡힌다.

일반적으로 주거 지역에서는 21시~23시 사이에 교통량이 점차 줄어들지만, 심야 영업이 활발한 지역은 21시~23시경에 다소 교통량이 늘어나는 특징을 가지고 있다. 따라서 술집을 창업하려면 그 지역(먹자골목 등)의 밤 21시부터 23시까지의 교통량을 측정하는 것이 좋다. 만일 21시를 기준으로 시간당 교통량의 유입 유출 합계가 3천대 이상이라면 그 지역은 심야 상권이 활발한 지역이라고 볼 수 있다. (밤 9시부터 10시까지 3천대 이상의 유동량을 보이는 도로라면 그 도로는 교통 정체가 상당히 심한 도로라고 말할 수 있다.)

서울의 관통 도로 교통량을 보면 양재대로 시계 : 하루 13만대 수준, 시흥대로 시계 : 하루 12만대 수준, 하일동 시계 : 하루 10만대 수준, 남태령 고개 : 하루 9만대 수준, 동일로 시계 : 하루 9만대 수준, 도봉로 시계 : 하루 7만9천대 수준, 망우리 고개 : 하루 7만7천대 수준, 복정 검문소 : 하루 6만대 수준, 서하남 시계 : 하루 6만대 수준, 서오릉 시계 : 하루 4만대 수준 이다.

2) 한식 창업의 3요소

첫째, 맛과 조리를 위한 손맛 갖추기가 기본이다. 한식은 약간의 차이로도 맛이 크게 달라질 수 있다. 고춧가루나 고추장, 소금이나 설탕 등을 비롯해 조미료의 차이가 국이나 반찬 등의 맛을 다르게 하기 때문이다. 그밖에 더 맛이 강한 다른 조미료를 어떻게 사용했는지에 따라 완전히 맛이 달라진다는 것은 두말할 필요도 없을 정도로 프랜차이즈 브랜드라고 해도 마찬가지다. 물론 조리하기 쉽도록 만든 레시피와 매뉴얼이 있지만 기본적인 손맛은 갖출 필요가 있다. 작은 차이가 큰 것을 결정하는 것은 음식에도 해당된다. 맛과 조리를 위한 손맛을 위해 창업전은 물론 후에도 꾸준히 요리를 공부하고 연구하는 열정이 필요하다.

둘째, 누구나 인정하는 힘들고 어려운 일이 '식당일' 이라는 말만 들어도 일이 얼마나 힘든지 어느 정도는 상상할 수 있어야 한다. 끝없이 요리하고 음식을 나르고 설거지하는 업무는 예상이상으로 힘든 일이기 때문이다. 사람을 넉넉히 쓸 수 있다면 업무 강도는 덜하겠지만, 보통 창업자라면 인건비에 부담을 느끼기 때문에 쉽지 않다. 그렇기 때문에 한식 프랜차이즈를 염두에 둔다면 반드시 다른 매장에서 일정 기간 이상 일을 해봐야 한다. 영업시간이 짧다고 하더라도 점심시간과 저녁시간에 매장을 운영한다면 실제로 일하는 시간은 12시간에 가깝다. 창업을 한다는 것은 한두 달에 끝나는 것이 아니고 몇 년 혹은 10년 이상 이 일을 할 수 있는지, 높은 업무 강도를 이겨낼 수 있는지 충분히 고려해 봐야 한다.

셋째, 외식업의 기본인 청결과 서비스이다. 먹는장사가 힘든 이유는 먹는 것이 그만큼 중요하기 때문이다. 그래서 음식의 맛뿐만 아니라 음식을 먹는 환경까지 점주는 신경을 써야 한다. 음식이 깨끗하게 조리되는지, 고객이 머무는 장소는 깨끗한지 그리고 마지막으로 음식을 제공하고 치우는 서비스는 우수한지 아무리 점검해도 지나치지 않을 정도다. 업종 특성상 일하는 사람이 자주 바뀔 수 있기 때문에 이러한 관리는 더 쉽지 않다. 준비해야 할 것도, 생각해야 할 것도, 해야 할 것도 많은 한식이다. 하지만 그만큼 철저하게 운영해 나간다면 고객은 그 정성과 마음을 잊지 않을 것이다.

3) 한식 창업의 결정과 관리

가격이 저렴하면서 양질의 제품을 맛볼 수 있다는 점은 동서고금을 막론하고 고객의 관심을 끌기에 충분하다. 특히 요즘처럼 소비가 위축된 불경기 때는 가격경쟁이 뜨거운 관심사다. 고객의 관심을 끌고 경쟁에 있어서 우위요소를 점할 수 있는 가격파괴는 고물가 시대에 꼭 필요한 마케팅 요소다.

경기불황과 소비침체가 장기간 이어지면서 가격파괴 마케팅은 업종과 규모를 가리지 않고 진행되고 있다. 가격파괴 현상은 발생 원천에 따라 생간자 주도형과 소매점 주도형 두 가지 현상으로 나눈다. 이런 가격파괴는 저품질 제품이나 재고품과 같이 상품가치가 저하된 제품을 처리하기 위함이 아닌 정상적으로 취급하는 모든 품목에 대해 저가 정책을 취한다. 때문에 가격파괴를 위해서는 비용파괴의 목적성이 요구된다. 보통 비용절감은 구입원가, 물류비용, 운영비용, 광고.판촉비용에 의해 결정된다.

최근 음식메뉴의 가격결정은 소비자 수용가에 의한 가격결정이 주로 이용된다. 이 방법에 의한 가격결정은 고객의 타깃을 정확히 분석, 고객의 소비심리를 반영한 결정이다. 그러나 경영상태를 전혀 고려치 않은 경쟁업체의 가격에 의한 결정은 상품의 질을 저하시키는 요인이 된다. 가격파괴 현상은 1990년대 중반 일본에서 먼저 일어났다. 소비가 침체하고 물가 상승률이 떨어지자 고육지책으로 가격파괴 현상이 일어났다. 당시 좋은 디플레이션이라는 환영의 목소리도 있었지만 장기 불황에 빠지자 기업이나 가계의 투자.소비의 위축이란 악순환을 불러왔다. 때문에 가격파괴 경쟁은 가격을 내려도 판매가 늘지 않으면 투자와 고용에 악영향을 미칠 수 있다. 효과적인 가격파괴 마케팅을 유지하기 위해서는 상품에 대한 전문성과 상품력, 그리고 안정적인 물류 유통을 확보해 꾸준한 고객 유입을 유도하는 것이 무엇보다 중요하다.

일일 매상별 최소 운영 매월 규모와 적정 경영관리를 위해 판단을 해야 하는데 그 기준을 규모별로 세분화 시켜보면 다음과 같다.

(1) 하루 매상 40만원-창업 실패한 업소

한 달 총매출 : 40만원 x 30일 = 1,200만원

재료비(30%~35% 안팎) : 450만원 안팎

임대료 & 공과금 & 인건비(35%~40% 안팎) : 500만원 안팎

순이익률(22%~30%) : 250만원 ~ 350만원(사장이 주방이나 매장일을 하는 상태)

(2) 하루 매상 60만원-평균 성적을 거둔 업소

한 달 총매출 : 60만원 x 30일 = 1,800만원

재료비(30%~35% 안팎) : 600만원 안팎

임대료 & 공과금 & 인건비(35%~40% 안팎) : 700만원 안팎

순이익률(23%~32%) : 400만원 안팎(사장이 주방이나 매장 일을 절반 정도 하는 상태)

(3) 하루 매상 150만원-대박 아닌 중박을 이룬 업소

한 달 총매출 : 150만원 x 30일 = 4,500만원

재료비(30%~35% 안팎) : 1,600만원 안팎

임대료 & 공과금 & 인건비(35%~40% 안팎) : 1,700만원 안팎

순이익률(25%~33%) : 1,200만원 안팎

(4) 하루 매상 30만원~40만원 일 경우-폐업 갈림길의 음식점

말 그대로 입에 풀칠하고 있는 상황에서 사업을 접지도 못하는 상황인 음식점을 말한다. 수입이 적기 때문에 사장이 직접 주방일을 할 수밖에 없다. 인건비 지출을 줄여야 하므로 종업원은 1~2인만 고용할 수 있는 상태다. 종업원 1인 고용 시 매장을 전부 담당하지 못하므로 사장 부인이 주방일도 거들고 매장일도 거드는 상황이 된다.

이렇게 되면 부부가 힘들어 지게 되고, 부인의 바가지 지수는 높아지며 이때쯤 되면 음식점 장사에 대해 체념하게 된다.

이런 점포는 십중팔구 1년 안에 문을 닫게 되거나, 코가 꿰인 상태로 어쩌지도 못하고 사업을 하는 상태가 지속된다. 하루 평균 매상 30만원 이하이면 이건 동네에서 관심조차 받지 못하는 음식점이란 뜻이고, 맛없는 집이거나 망해가는 음식점이라는 뜻이다. 다시 말해 동네 손님은 없고, 아주 소수의 단골손님과 우연히 걸려든 뜨내기손님을 받는 업소이다.

5천만원 이하 소자본 창업을 하면서 준비를 제대로 하지 않으면 이런 일이 쉽게 발생한다. 가장 큰 이유는 업종 선택이 잘못되어서이거나, 맛이 없어서이다. 이런 경우 1일 매상 폭의 변동이 매우 심한데 이것은 고객들에게 안 가도 되는 음식점으로 각인됐다는 뜻이다. 창업 15일이 지나도 하루 평균 매상이 30만 원 이하이면 바로 업종 변경을 해야 한다. 만일 밥집이었다면 술을 취급할 수 있는 업종으로 변경을 시도하면 매상을 더 올릴 수 있다.

(5) 하루 매상 60만원 일 경우-생활 유지형 음식점

하루 매상 60만원이라면 월수입이 400~500만원 정도이므로 집에 생활비를 가져갈 수 있고 음식점 경영 목적으로 자동차를 자유롭게 운용할 수 있는 상태이다. 자동차는 더 싼 식재료를 사러 다니는 용도로 사용한다. 우리 주변에서 볼 수 있는 평범한 음식점들보다는 좋은 실적이므로 일단 '맛'은 어느 정도 인정받은 집이라고 할 수 있고, 단골손님도 꽤 만들 수 있다.

일을 할 때 가끔 자기 일이 행복하다는 생각이 들기도 하고 불행하다는 생각이 들기도 한다. 부부는 일심동체로 사업을 키우기 위해 더 열심히 노력하는 상태가 된다. 건물 임대료에 따라 다르겠지만 종업원은 1~2명 정도 고용할 수 있고 부부 중 한 사람이 주방을 맡아 인건비 부담을 줄일 수 있다.

그런데 이 경우가 가장 위험하다. 당장 먹고사는 방법이 마련되어 있으므로 가끔 행복지수가 올라가기는 하는데, 유명 맛집이 아닌 한 음식점의 매상은 세월이 흐를수록 떨어지기 마련이다. 예를 들어 옆집에 더 근사한 음식점이 들어오면 바로 타격이 온다는 뜻이다. 하지만 기존 단골이 있으므로 바로 매상이 떨어지지는 않고 2~5년 세월이 흘러가면서 아주 서서히 매상이 떨어진다. 어느 날은 매상이 90만원인데 어느 날은 매상이 20만원이 되기도 한다.

1일 매상 폭의 변동이 매우 심한 시기가 도래하면 사장은 위험신호로 받아들여야 한다. 이때부터는 고객들의 입맛을 잡는 데 실패했기 때문에 서비스가 아무리 좋아도 고객은 찾아오지 않는다. 그래서 희망과 불안이 공존하는 상태가 되고 행복지수는 날로 떨어진다. 그럭저럭 견디면서 5년 정도 시간이 흐르다 보면 하루 평균 매상이 30만원 대로 떨어진 것을 발견할 것이다. 결국 폐점의 순서를 따르게 된다. 매상이 조금씩 떨어지고 있을 무렵 매상을 올릴 방법을 강구해야 하는데, 음식 맛을 새로 개발하거나, 신 메뉴를 추가하는 방법, 더 좋은 재료를 사용하는 방법 등이 있다.

하루 매상이 60만원 이상이면 동네 상권에서는 비교적 장사를 잘하는 집들이라고 볼 수 있다. 동네 상권의 10평 규모에서도 장사가되면 이 정도 매상을 기본적으로 올릴 수 있다. 동네 상권에서 어느정도 장사를 하는 음식점, 주점, 호프집, 고깃집들이 여기에 속한다. 중간 규모의 역세권에서 흔히 볼 수 있는 10평형 테이크아웃 커피숍중에서 장사를 비교적 잘하는 점포들이 일매(일일 매출) 60만원을 버는 점포들이다.

(6) 하루 매상 100만원일 경우-돈을 모을 수 있는 음식점

월 900만원 안팎의 수익이 발생하므로 몸은 고생해도 행복지수는 날로 높아진다.

월 순이익 1천만원 수준을 넘기면 이젠 자신의 음식점이 성공하였다고 자부하고, 자기는 가만히 있는데도 돈이 굴러들어온다고 착각

한다. 이 상태이면 주방장과 종업원을 여러 명 고용한 뒤 부부는 놀러 다닐 수도 있는 상태가 되지만 돈 버는데 재미가 붙어 꼭 매장에 붙어 있으려고 한다. 이 경우 월수입을 전부 쓰지 말고 생활비를 제외한 나머지는 반드시 저축해야 한다. 저축한 금액은 몇 년 뒤 매장을 확장하거나 직영점을 내는 데 활용할 수 있다. 직영점 3개 정도 내면 더 바쁘게 살겠지만 최소한 돈 걱정은 안 하고 살 수 있을 것이다. 또한 천천히 프랜차이즈 사업을 시도할 수도 있다.

월수입 1천만원을 넘기는 시점이 되면 자신이 모르는 사이에 맛이 괜찮은 집이라고 소문이 나고 단골손님이 다른 손님에게 추천하는 음식점이 된다. 객단가(일정한 기간의 매출액을 고객의 수로 나눈 값) 7천원 기준 하루 200인분 정도를 판매하는 시점이다.

10평 규모의 국수집, 라면집도 유명 먹자골목 등에서 맛이 소문난 집이면 일일매출 100만원을 찍는다. 동네 상권 중 유동 인구가 많은 곳에 위치한 유명 베이커리와 장사 잘되는 분식집이 일매 100만원을 찍는다. 재래시장에서 볼 수 있는 시장 빵집 중 장사가 잘되는 빵집도 일매 100만원을 찍는다.

유명 한식 프랜차이즈 중에서 장사가 좀 되는 음식점, 동네 상권에서 장사가 잘되는 주점, 치킨집, 고깃집, 횟집들이 일매 100만 원을 찍는다. 또 대형 감자탕집 중에 장사를 평균 정도 하는 점포와 비즈니스 밀집 지역의 테이크아웃 커피숍 중 장사가 잘되는 점포가 일매 100만원을 찍는다.

(7) 하루 매상 150만원일 경우-흔히 말하는 중박 음식점

하루 매상이 150만원인 점포는 흔히 말하는 중박 이상의 성공한 음식점들이다.

유명 햄버거 프랜차이즈 중에서 입지 조건이 나쁜 지방에 있는 점포인 경우 일매 110만원 정도를 찍는다. 대도시에서 지명도 낮은 지역에 있는 유명 햄버거 체인점들이 일매 130만원~180만원을 찍는다. 그리고 재래시장에서 볼 수 있는 시장 빵집 중 항상 손님이 바글바글대는 빵집이 일매 170만원을 찍는다.

30평 규모의 유명 한식 프랜차이즈 중에서 장사가 잘되는 점포가 일매 150만원 찍고, 장사가 잘되는 주점, 호프집, 고깃집, 일식집, 분식집이 일매 150만원을 찍는다. 부촌에서 평균 정도 하는 고급 한정식집, B급 패밀리 레스토랑은 일매 150만 원~200만원 찍는다. 유명 대학가에서 장사를 잘하는 스파게티 전문점은 일매 150만원을 찍는다.

외곽 도로에서 국수집, 보리밥집, 돈가스&스파게티집, 조개구이집 같은 특정 아이템으로 히트치면 일매 150만원을 찍는다. 번화가에서 수제 어묵이나 수제 햄버거를 잘 만든다고 소문난 10평 점포들이 일 매 100~120만원을 찍기도 한다.

여대 앞에서 20대 초반의 남자직원을 뽑은 뒤 철판볶음밥 쇼를 잘하면 일매 100~150만원을 찍는다. 공대 앞 호프집에서 싹싹하고 성격 좋은 여직원을 여러 명 고용하면 일매 100~150만원 이상 찍는 다. 또 역세권 호프집에서 싹싹하고 성격 좋은 여직원을 여러 명 고 용하면 일매 150만원 이상을 찍는다.

(8) 하루 매상 200만 원-흔히 말하는 초대박 음식점

하루 매상 200만 원이면 객단가 7천 원 기준 1일 300인분을 판매 하는 초대박 음식점이다. 월 1천 500만원~2천만원의 순수익이 발생 한다. 물론 고기를 박리다매하는 주점이라면 이익률이 더 낮아질 것 이다. 하루 200만 원 매출이 발생한다면 더할 나위 없이 좋은 시나 리오이고 프랜차이즈 사업을 시도해도 성공할 확률이 높다. 또한 매 출이 조금 떨어질 무렵이면 장사에 싫증날 수도 있는데 이때 권리금 을 많이 받고 바로 팔아 버릴 수도 있다.

그런데 하루 매상 200만원 찍으려면 단골과 유동 인구가 중요하 다. A급 상권에 입점한 유명 패스트푸드점, 외식업 체인점이 일매 2 00만원 이상 찍는다. A급 상권에서 장사가 잘되는 고깃집, 한정식,

횟집, 주점, 퓨전음식점, 유명 한식체인점, 일식집, 분식집이 일매 200만원 이상 찍는다. A급 상권에 있는 퓨전포차도 히트치면 일매 200만원 이상 찍는다.

특히 A급 비즈니스 타운에서 대기업 직원을 대상으로 점심식사를 판매하는 백반집 중 장사 잘하는 집이 일매 200만원을 찍는데, A급 역세권과 아파트단지가 중첩된 곳에 있는 보쌈집 중 장사 잘하는 곳이 일매 200만원 이상 찍는다.

A급 역세권에 위치한 유명 외식업 체인점 중에서 장사를 잘하는 업종이 일매 200만 원 이상 찍는데, 종합병원 안에서 독점 판매하는 죽 전문점이 일매 200만원 이상 찍고, 레스토랑, 파스타 레스토랑 등이 장사가 잘 되는 곳에서 일매 200만 원을 찍는다.

자금이 없어 몸으로만 뛰는 경우도 있다. 일단 유동 인구가 바글바글한 빈 공터를 선점하고 퓨전 포차를 오픈한다. 그런 뒤 맛과 저가격으로 몰입하는 경우 일매 250만원 이상을 찍기도 한다.

(9) 하루 매상 300만원 이상-맛집이거나, 유동 인구가 많거나, 매장 크기가 큰 음식점

유동 인구가 많은 오피스 밀집 지역은 20평 크기의 분식점도 장사를 잘하면 일매 300만 원 이상 찍기도 한다. 또한 지방의 전통적인 맛집이거나, 점포 크기가 상대적으로 큰 경우다. 객단가가 높은 음식점이거나, 부촌에서 장사가 잘되는 음식점이 이에 속한다.

A급 상권이거나 강남 부촌 등에서 장사가 잘되는 고깃집, 주점 등이 일매 300만원 이상 찍고, A급 상권으로 비즈니스 밀집 지역에서 장사가 잘되는 20평 크기의 분식점이 일매 300만 원 이상 찍는다. 대형 아파트단지에서 맛으로 유명한 개인 빵집도 일매 300만원 이상 찍는다.

갈비 숯불구이집이 부촌에서 초히트치면 일매 1,000만원을 찍는다. 바닷가의 유명 횟집이라면 일매 400만원 이상 찍는다. 더 유명하고 드라이브족이 많이 찾는 횟집이라면 일매 700만원을 찍기도 한다. 도시 외곽에 새로 음식점을 세웠는데 맛집으로 유명세를 타면서 손님들이 몰려온다면 일매 300만원 이상 찍고 업종에 따라 일매 500만원 찍는 집과 일매 700만원을 찍는 집도 있다.

각 지방마다 전국적으로 유명한 맛집이 있고 이들 중에서 손님들이 하루 종일 찾아오는 맛집들이 있다. 크기는 보통 30~40평 규모이고 가정집을 개조한 음식점인 경우가 많다. 오로지 맛으로 승부하는 이들 음식점 중 어느 집은 일매 400만원을 찍고 어느 집은 일매 500만원을 찍는데 보통 고깃집이거나 한정식집이다.

(10) 하루 매상 1천만 원-기업형 음식점

유동 인구가 많은 곳에 위치한 유명 패밀리 레스토랑 가맹점들은 보통 일매 1천만원 이상을 찍는다. 유명 프랜차이즈의 본점은 대부분 대형이다. 이들 중 장사를 잘하는 본점들이 보통 일매 400만원, 500만원을 찍고, 일매 1천만 원 이상 찍는 본점도 있다. 보통 고깃집, 쌈밥집, 보쌈집, 오리요릿집처럼 객단가가 높은 업체들의 본점이다. 토다이 프랜차이즈 직영점 중에서 고객이 모이는 직영점이 있는데 이들 매장이 일매 5천만 원을 찍는다. 단일 음식점 중 전국 최고는 전라북도 맛집인 군산횟집인데 일매 1억 원을 찍는다. 건물(8층) 전체가 군산횟집이다.

3. 한식 상차림 테이블 데코레이션

교통의 편리함과 인터넷의 발달로 지구가 촌락을 이루고 사는 듯한 느낌이다. 전 세계 어디서 무슨 일들이 일어나고 있는지 부처님 손바닥 안의 손오공처럼 훤히 들여다보는 세상이다. 이만큼 빠르고 세계 각국의 문화가 공유되는 세상인데 우리네 식탁도 어찌 영향을 받지 않을 수 있을까 한식이 코스요리로 나오는 것과 한 상 가득 차려지는 상차림은 테이블 세팅에 따라 그 차이를 갖는다.

코스요리로 나올 때는 테이블이 많이 비어 보이므로 러너, 매트가 있는 것이 좋고 한상 차림은 많은 음식들이 올라오므로 러너를 깔아도 러너가 보이질 않고 전체적으로 가려지며 선만 보이게 되므로 오히려 음식그릇을 올렸을 때 지저분해 보인다. 매트는 종이매트나 서양의 매트를 깔아도 되는데 우리의 식탁과 서양의 매트는 크기가 조화롭게 어울리지 못해 안 맞는 경우가 더 많아 구입할 때 다각도로 검토해야 두 번 걸음하지 않는다. 수입 매트는 기본이 가로 40cm이므로 큰 테이블이 아니면 한식에서는 감당하기 어렵다.

1) 식감을 살리는 채도대비와 푸드 스타일링

배경색에 따라 동일한 보라색이 푸른 배경에서 더 붉게, 붉은 배경에서는 푸른빛이 감도는 보라색으로 보이게 된다.

① 유사색상 유사채도 이미지로 붉은 양념(YR)과 붉은 접시(R)는 유사색상 유사채도이다. 양념치킨이 무채색의 흰 그릇에 담겨지면 훨씬 붉게 보이지만 남들이 생각지 못한 강한 빨간 그릇에 담아내면 그 매력은 더욱 빛난다. 이때 푸른 가니쉬(허드 등)를 필수적으로 사

용해야 붉은 색의 존귀한 느낌이 돋보인다.

색이 짙은 치킨은 밝은 비비드 톤의 그릇 위에서는 더욱 까맣게 보이기 때문에 채도가 낮은 푸른색, 노란색 계열이 잘 어울린다. 이 상태에서는 올드 버전이어도 오이보다 파슬리를 꽂아 두는 것이 더 낫고 푸른색의 접시를 사용할 때는 붉은 계열의 가니쉬가 식감을 높인다.

② 반대색상 유사채도 이미지로 푸른 계열의 그릇에서 후라이드 치킨은 더 붉은 색을 띤다. 치킨의 색이 채도가 높지 않아 비비드(경쾌한 밝은 순색의 톤) 컬러의 레몬, 수박으로 한 부분을 장식한다.

③ 흰색그릇과 음식의 이미지로 둥근 흰 그릇과 밝은 톤의 후라이드 치킨의 조화와 가장 무난한 스타일이다. 그래서 장식이 필요한 상태인데 일의 효율 상 생략하는 실정이며 전문가들이나 작업을 위해서 하고 있는 상황이다.

맨 오른쪽 그릇은 특별해 보여 사용상 주의만 잘 하면 고객이 좋아할 그릇이다.

2) 눈을 즐겁게 하는 오색반찬으로 밥상 스타일링

한식은 오미오색(五味五色)을 빼고 말을 할 수 없다. 밥상 차림뿐 아니라 오색의 고명까지 한의학의 영향을 많이 받았는데, 이는 오늘날의 컬러 푸드와 일맥상통한다. 오미오색이란 다섯 가지의 맛과 다섯 가지의 색으로 오장육부에 귀속되는 영양학적인 부분을 일컫는 것이다. 식재료는 저마다 고유의 맛을 가지고 있어서 맛과 양념을 잘 어울리게 하면 오미의 찬 구성은 무난하게 만들 수 있다. 하지만 시각적으로 맛을 살리는 오색의 찬 구성은 열을 가해 삶고, 찌고, 볶는 과정에서 고유의 색을 나타내기 어려울 때가 많다.

〈표2〉 오미오색

맛	색	영양소	기관	효과
신맛	녹색	클로로필	간	눈 건강, 세포건강
쓴맛	붉은색	라이코펜	심장	심장기능강화
단맛	노란색	베타카로틴	비장	면역력 증강
매운맛	흰색	플라보노이드	폐장	저항력 증강
짠맛	검은색	안토시아닌, 셀레늄	신장	노화지연

음식은 식재료의 색상과 명도, 채도 대비를 통해 식감을 높인다. 차린 음식 모두가 대비로 가면 혼란스러워 보이므로 한 두 가지는 대비 효과보다 유사한 느낌이나 아예 특별한 장식이 없는 것이 더욱 존재감을 나타낼 수 있다.

3) 고객을 즐겁게 하는 한식 반찬 만들기 노하우

한식에서의 반찬은 메인 메뉴가 무엇이냐에 따라 식재료 구성이 달라지기 때문에 대부분이 주방의 다음날 반찬 걱정이 이만저만이 아니다. 이렇듯 메인 메뉴의 간과 주재료, 단가 등에 따라 구색이 맞는 찬을 내는 일은 매우 어려운 일이다. 한식업소들을 보면 대부분 구성법을 몰라 반찬의 양념 사용이 한쪽으로 치우치는 것을 쉽게 볼 수 있다. 그러나 한 가지 식재료로 여러 맛을 낼 수 있어야 재고도 줄일 수 있다. 고객들은 신선한 맛 변화를 즐길 수 있어야 재방문으로 이어져 매출에도 도움이 된다. 특히 한식에서의 상차림에 있어 주메뉴 뿐만 아니라 부메뉴인 반찬도 맛있으면서 색감 등에 있어 조화가 식감을 돋울 수 있도록 시각적 효과가 있어야 한다. 대다수 한식점이 구태의연한 반찬을 아무 반응 없이 내놓고 있는데 정말 맛있고 고객이 계속해서 줄서서 기다리면서까지 이용하는 맛있는 유명

한 식당들의 공통점은 주 메뉴뿐만 아니라 반찬 또한 주메뉴와 잘 조화돼 맛깔스런 정성이 담긴 서비스로 확연히 차이가 난다는 점에서 반찬의 중요성을 인식해야 한다.

4. 한식당의 유형별 메뉴구성

신규 음식점에서 메뉴를 구성하려면 서로 유사하거나 연관성 있는 것끼리 묶어야 한다. 예를 들어 한식 고깃집은 주로 육류를 이용해 메뉴를 구성해야 한다. 돼지갈비나 소갈비, 생고기가 기본 메뉴에 들어갈 수 있고 냉면류를 후식 메뉴에 추가할 수 있다.

그런데 한식집에서 가장 많이 범하는 실수가 있다. 혼자 먹는 손님들을 위한 1인용 음식이 없는 집이다. 1인 세대주나 싱글로 사는 독신 남녀가 점점 많아지고 있는 것이 최근 추세이다. 1인 손님을 위해 1인용 메뉴를 개발하는 마음 씀씀이가 필요하며 매상을 올리는 데 도움이 안 된다며 바쁜 시간대에는 1인 손님을 쫓아내는 일은 하지 않는 것이 좋다.

1인용 음식으로는 "불고기 쌈밥"이나 "뚝배기 불고기" 요리가 좋다. 또한 갈비탕과 같이 탕류가 메뉴로 추가되면 좋다. 이런 메뉴들은 한식 고깃집의 위치가 업무 타운이나 상가 지역일 경우, 점심 시간대에 직장인을 고객으로 잡을 수 있는 아이템으로 적합하다.

1) 버섯불고기 전문점에서의 메뉴구성

버섯 불고기 전문점은 버섯류와 육류를 이용한 메뉴가 기본적으로 제공되어야 한다. 뿐만 아니라 차돌박이와 같이 쇠고기의 고급 부위를 별도로 판매하는 메뉴가 제공되어야 한다. 또한 최근 유행처럼 한방 재료를 이용한 육류 메뉴의 개발도 중요하다. 인삼, 대추 등의 한방 재료를 적절하게 사용하면 고단가의 메뉴를 개발할 수 있다. 버섯 불고기 전문점은 보통 다음과 같은 메뉴로 영업을 한다.

〈메뉴 구성〉

버섯 불고기 정식 : 10,000원대, 버섯 모듬 전골 : 20,000원~30,000원대 (2인분 기준), 돌솥 비빔밥 : 6,000원~7,000원, 한방 갈비탕 : 6,000원~ 8,000원, 쇠고기 갈비 : 20,000원~30,000원(200g 기준), 차돌박이 : 20,0 00원~25,000원(200g 기준), 돼지갈비 : 10,000원~15,000원(200g 기준), 삼겹살 : 8,000원~10,000원(200g 기준), 불고기 쌈밥 : 7,000원~8,000원 대, 된장찌개 : 7,000원대, 냉면류 : 5,000원~7,000원대.

이외에도 독특한 소스를 개발하여 대략 20가지 내외의 메뉴를 제공하는 것이 좋다. 수입육을 사용하는 중급 고깃집이면 주로 한방 관련 소스가 적당하다. 부추 삼겹살, 와인 삼겹살, 카레 삼겹살 등의 메뉴는 오히려 음식점의 분위기를 깰 수도 있다. 고급 고깃집이라면 소스의 개발도 중요하지만 한우를 사용하는 고급육 전략을 구사하는 것이 좋다. 한우를 사용하면 고단가를 받을 수 있지만 음식점의 배후에 소비 성향이 높은 고급 아파트나 고급 주택가를 끼고 있어야 한다. 버섯 불고깃집의 밑반찬 가짓수는 샐러드를 포함해 12~20가지 내외가 적당하다.

2) 배달 음식 전문점의 메뉴구성

배달 음식 전문점은 가내공장이나 상가 지역을 끼고 배달을 많이 하는 음식점들이다. 고객층이 다양하고 연령도 다양하기 때문에 비교적 많은 메뉴가 필요하다. 다음 메뉴는 서울 용산 전자랜드에서 흔히 볼 수 있는 배달 음식 전문점들의 일반적인 메뉴 구성이다.

〈메뉴 구성〉
순두부찌개 백반 : 7,000원/ 된장찌개 백반 : 7,000원/ 김치찌개 백반 : 7,000원/ 찌개 백반 : 7,000원, 참치찌개 백반 : 7,000원/ 부대

찌개 백반 : 8,000원/ 비빔밥 : 7,000원/ 돌솥 비빔밥 : 8,000원, 김치볶음밥 : 7,000원/ 제육 덮밥 : 7,000원/ 오징어 덮밥 : 7,000원/ 장어요리 정식 : 10,000원, 물냉면 : 6,000원/ 비빔냉면 : 6,000원/ 불고기 쌈밥 정식 : 8,000원.

메뉴를 확인하면 알 수 있듯 장어 덮밥이란 메뉴가 있다. 용산 전자랜드는 컴퓨터를 조립 판매하는 업체들이 몰려 있는 전문 상가지역이다. 이 지역은 상가의 특성상 여자 직원보다 남자 직원들이 더 많은 지역이라 할 수 있다. 그러므로 한식 배달 전문점에서 정력보강 음식으로 알려진 장어 덮밥을 점심 메뉴로 판매하고 있는 것이다.

3) 돼지 갈빗집의 메뉴구성

서민을 위한 갈빗집은 일단 돼지고기와 같이 가격이 싼 육류를 사용하지만 갈비 맛이 쇠고기갈비처럼 맛있다는 홍보 전략을 구사해야 한다. 비용이 더 지출되더라도 후식인 식혜나 수정과는 반드시 준비하는 것이 영업에 도움이 된다.

〈메뉴 구성〉

돼지 갈비 : 8,000원~10,000원(200g 기준), 쇠고기 갈비 : 15,000원
대~25,000원대(200g 기준, 호주산), 돌솥 비빔밥 : 7,000원대, 갈비
탕 : 7,000원대, 삼겹살 : 10,000원대(200g 기준,국산), 불고기 쌈밥
: 10,000원대, 냉면류 : 6,000원대, 기타 수육류 : 15,000원대부터

반찬을 담는 것도 정성이 필요하다. 즉 갈빗집에서 만든 감자 샐
러드 반찬으로 비교해 보면 으깬 감자를 사각형 형태로 만든 뒤 표
면에 달걀노른자를 곱게 뿌려 장식함으로써 맛도 있을 뿐 아니라 모
양도 예쁘게 만들어 한 가지 부속 메뉴인 반찬만 보아도 흡족해지고
식욕을 돋게 한다.

맛있는 반찬의 메뉴 구성을 위해 그 재료에 양념을 해야 한다. 맛
을 내기 위해 소금을 사용하고 우리 음식에 빠질 수 없는 다진 마늘
이 들어간다. 한식의 나물 반찬에는 의당 참기름이 들어가는데 그
이유는 지방 맛인 고소한 맛을 내기 위해서이다.

4) 백반집에서의 메뉴구성

김치, 시금치, 샐러드, 멸치볶음, 콩장조림, 고등어찜 한 토막(또는

갈치구이 한 토막), 소시지 달걀부침, 된장국

7천원짜리 동태찌개 백반집의 반찬 구성이다. 반찬이 7가지에 불과하지만 충분히 식사를 맛있게 할 수 있는 반찬 구성이다. 각각의 반찬마다 숨어있는 맛이 어떤 맛인지 평가해 본다.

김치 : 매운맛, 시금치 : 섬유질+마늘, 소금, 참기름, 양념맛, 샐러드 : 아삭한 맛+마요네즈 소스 : 고소한 맛, 멸치볶음 : 단백질/담백한 맛, 감칠맛, 콩장조림 : 단백질/담백한 맛, 감칠맛, 고등어찜 한 토막 : 단백질+지방/감칠맛+고소한 맛, 소시지 달걀부침 : 추억의 맛, 된장국 : 콩단백질, 고소한 맛

여기서 소시지 달걀부침의 맛을 분석해보면 일단 '추억의 맛'이지만 여기에는 맛의 비밀이 숨어 있다. 소시지 달걀부침은 소시지+달걀+식용유로 만든다. 다시 말해, 소시지 달걀부침에 숨어있는 맛을 하나씩 분리하면 다음과 같다.

달걀(단백질/지방) = 담백한 맛+감칠맛/고소한 맛
식용유(지방) = 고소한 맛

이렇게 여러 가지 맛이 복합되어 있다. 원래부터 이처럼 복잡한

맛을 가지고 있었으므로 유년시절 어머니가 해준 소시지 달걀부침이 나이 든 후에도 아주 맛있는 것이다.

구내식당의 경우, 앞의 반찬 구성에서 음식재료 값의 상승 주범인 소시지 달걀부침, 멸치볶음, 샐러드가 빠지고 보통 김치, 시금치, 콩장조림, 된장국 등의 3~4가지 반찬에 그날 메뉴의 핵심인 생선조림이나 제육반찬이 올라오기 마련이다. 또 대중식당이나 김밥집에서 순두부찌개를 시켰다고 가정하면 역시 밑반찬은 김치, 시금치, 콩장조림 정도만 나올 것이다.

고등어찜 한 토막(단백질/지방 = 감칠맛+고소한맛/고소한맛)
➡ 생선가스 한 토막으로 변경하면 음식 맛이 훨씬 좋아진다.

생선가스는 식용유(지방=고소한 맛)로 튀겨낸 뒤 계란 노른자(지방=고소한 맛)가 주성분인 마요네즈를 섞은 소스로 맛을 낸다. 그러므로 고소한 맛이 2번 추가되어 있는 상태이다. 생선가스의 재료를 동태라고 가정하면 동태는 단백질(감칠맛)+지방(고소한 맛)이므로 이 재료에 식용유(지방 맛)+소스(지방 맛)가 추가되어 음식 맛이 더욱 업그레이드되는 것이다. 아울러 고등어찜에 비해 비주얼도 상승되므로 손님들의 기분을 업시킨다. 만일 원가가 부담된다면 생선가스를 한 토막이 아닌 반 토막을 제공해도 상관없다. 어차피 손님의 입맛은 기름기와 마요네즈 소스에 의해 고소한 맛이 두 배로 상승된 상태이기 때문에 이런 여러 가지 맛이 복합되며 〈맛있는 백반집〉으로 인정받는다.

한식집 반찬이라면 기본적으로 단백질+지방 성분이 있어야 하고 섬유질 반찬만 있다면 인기가 떨어진다. 섬유질 반찬으로 구성하면 절대 인기 있는 백반집이 될 수 없다.

5) 서민형 백반집에서의 메뉴구성

서울에 있는 직장인 대상의 백반 전문점 반찬을 구성해 보았다. 모두 12~15가지 반찬이다. 이 정도로 꾸미면 아주 맛있게 점심을 먹을 수 있다.

김치, 들기름 볶음김치, 시금치, 샐러드, 멸치볶음, 두부조림(또는 콩장조림), 생선가스 한 토막, 계란프라이(또는 계란맛살전), 청양고추, 김, 돼지불백, 파래무침(또는 도토리묵), 어묵무침(계절에 따라 두릅 등), 스파게티, 된장국(그날 준비한 음식재료에 따라 동태국이나 순두부찌개가 나올 수도 있다.)

척 봐도 맛있게 먹을 수 있는 반찬 구성이다. 위 반찬에는 다음과 같은 맛의 비밀이 숨어 있다.

김치 : 매운맛, 들기름 볶음김치 : 추억의 맛, 시금치 : 마늘 양념맛, 샐러드 : 마요네즈의 지방 성분/고소한 맛, 멸치볶음 : 단백질/담백한 맛, 감칠맛, 두부조림 : 콩단백질+탄수화물/담백한 맛, 감칠맛, 단맛, 생선가스 한 토막 : 단백질+지방/감칠맛+담백한 맛+고소한맛, 식용유의 고소한 맛+소스의 고소한 맛, 계란프라이 : 단백질+지방/감칠맛+담백한 맛+고소한 맛, 청양고추 : 매운맛, 김 : 감칠맛, 돼지불백 : 단백질+지방/감칠맛+담백한 맛+고소한 맛, 파래무침 : 감칠맛, 어묵무침 : 추억의 맛, 스파게티 : 고소한 맛이자 백반집에서는 볼 수 없는 색다른 맛, 된장국 : 콩단백질/고소한 맛

위의 맛 성분을 살펴보면 결국 고소한 맛이 음식 전체의 맛을 좌우하게 된다. 매운맛이 인기 있는 세상이 되었지만 실제로 사람들의 입맛을 잡아당기는 가장 밑바탕이 되는 맛은 매운맛이 아니라 고소한 맛이다. 예를 들어 아무리 매운맛을 좋아해도 청양고추를 맨입으로 먹는 사람은 없다. 매운맛은 맛이 아니라 통증이기 때문이다. 청양고추를 좋아해도 무언가 찍어먹을 수 있는 장이 필요하고 무언가 밑바탕이 되는 맛이 필요한 이유는 이 통증을 완화시키는 장치가 필요하기 때문이다.

6) 고급 한식집에서의 메뉴구성

　고급 한식집의 반찬 구성을 살펴보면 서울 역삼동이나 테헤란로 등 아파트 밀집지역과 비즈니스 단지가 중첩된 곳에도 한식집이 많지만, 유명 한식집은 역시 지방에 가야 많이 만날 수 있다.

　한식집은 보통 반찬 수가 많은 집과 일품요리가 많은 집으로 나뉜다. 지방 읍 단위나 관광지에 있는 유명 한식집은 보통 반찬 수가 많고, 대도시의 한식집은 반찬 수보다는 일품요리 수가 많다. 일품요리 개수가 많은 한식은 높은 객단가를 보이지만 단가가 비싼 만큼 고객이 한정되어 비즈니스 모임, 가족 모임, 약혼식 같은 혼례 만남자리로 이용된다. 반찬 수가 많은 한식집은 일반 고객은 물론 직장인, 가족, 드라이브족, 관광객, 젊은이들을 고객으로 흡수할 수 있다.

　순창의 한식집은 속칭 백반집 스타일인데 연탄을 사용해 조리를 한다. 예를 들어 한식상에 꼭 돼지불고기와 생선구이가 올라오는데 이런 구이요리를 연탄화덕에서 구워오는 것이다. 이런 것을 응용한 것들이 대도시의 연탄불고기 & 연탄백반집 등이다. 대도시에서 소자본 창업을 준비하는 분이라면 연탄화덕 백반집을 창업해 기사식당으로 운영해도 먹고 사는데 지장 없을 것이다.

　일품요리가 많은 한식집은 주방장의 솜씨가 있어야 하지만, 반찬

수가 많은 한식집은 아줌마 주방장으로도 충분히 영업할 수 있다. 물론 아줌마 주방장을 고용한 만큼 이색적이고 특색 있는 반찬이 없는 경우가 많다. 아줌마 주방장을 고용했을 경우 사장이 반찬 구성 작업을 컨트롤할 수 있어야 한다.

한식집에서 꼭 나와야 할 반찬 요소는 다음과 같다.

김치류 : 들기름 볶음김치, 물김치, 반찬류 : 나물반찬류, 볶음반찬류, 조림반찬류, 버섯반찬류, 채반찬류(오징어채, 쥐포채 등), 데친반찬류(두릅 등), 육류 : 돼지불고기와 소고기불고기, 구이류 : 생선구이인데 조기구이나 고등어구이, 해초류 : 파래무침이나 물미역반찬류, 해산물 : 조개무침류 등의 반찬, 전 : 부침개전과 표고전, 젓갈 : 젓갈류 반찬, 죽 : 웰빙죽이나 전통죽, 샐러드 : 샐러드

보통 한식 반찬은 위와 같은 구성인데 이런 식으로 반찬을 구성하면 명함조차 못 내밀게 될 것이다. 왜냐하면 다른 한식집과 차별화가 되지 않았기 때문이다. 이 집도 저 집도 비슷한 반찬을 구성한다면 어떻게 단골손님을 만들 수 있겠는가. 그러므로 정통 한식집이 되려면 앞의 반찬에서 몇 가지를 빼고 아래와 같이 이색 반찬을 추가해야 한다.

이색 나물 반찬 : 백반집과 차별화시키려면 백반집에서 볼 수 없는 이색반찬이 2~3가지 나와야 한다. 예를 들어 백반집이나 가정에서 자주 먹는 시금치 반찬이나 콩나물 반찬은 과감히 포기해야 한다.

알곡류(밤, 호두)반찬 : 예를 들면 밤졸임이나 호두 반찬, 들깨 정과 반찬 등이 나와야 한다.

새송이 버터구이 반찬 : 한식반찬을 깔끔하게 퓨전화시킨 이런 류의 반찬이 꼭 나와야 한다.

약선요리 반찬, 약초요리 반찬, 궁중요리 반찬 : 약선요리 반찬이나 약초요리 반찬, 궁중요리 반찬이 각각 한 가지씩 더 나오면 좋다. 한정식의 격을 높일 수 있고 이런 반찬들은 다들 처음보기 때문에 먹는 사람들이 호기심을 가지게 된다. 은행알 반찬 등이 여기에 속한다.

토속반찬 : 멸치볶음 대신 메뚜기볶음 같은 추억을 상기시키는 반찬을 내오는 것도 좋다.

위 다섯 가지 항목은 일반 한정식집에서 접할 수 없는 이색 반찬들이다. 다른 한정식집에서 볼 수 없는 반찬이 얼마나 더 나오냐에 따라 성공 여부가 결판난다. 지방에서 이 정도 반찬 구성으로 한정식집을 오픈한 뒤 손맛까지 좋다면 바로 군 추천 음식점 내지는 도 추천 향토음식점이 될 수도 있다.

II

전통한식점의 메인메뉴와
콜라보레이션 조합

1. 가정간편식+콜라보레이션 메뉴

캠핑족, 1인 가구가 늘면서 가정간편식(HMR) 시장 또한 확대되고 있다. 최근 설렁탕, 갈비탕, 육개장 등 일반적인 메뉴뿐만 아니라 유명 맛집의 대표 메뉴까지 HMR로 선보이고 있으며, 전문 식품기업뿐만 아니라 편의점업계까지 반찬, 찌개 등 제품군을 다양화하며 시장 공략에 나서고 있다. 업계에서는 HMR 시장 규모 또한 1조3000억원까지 성장할 것으로 전망하고 있다. 놀부NBG는 일찌감치 HMR 시장에 뛰어들었으며 부대찌개, 오삼불고기, 낙지볶음 등 20여종이 넘는 상품을 롯데마트, 홈쇼핑 등을 통해 판매하고 있다. 본아이에프역시 HMR 시장의 꾸준한 성장세에 주목하여 본죽과 본도시락 등을 통해 인기를 검증받은 메뉴들을 가정간편식으로 판매 중이다.

특히 다양한 콜라보레이션 메뉴와 매장의 등장으로 관심을 받고 있는데 외식업계 전반의 침체 속에서 한식 업계는 불황타개를 위해 전방위적인 노력을 해오고 있다.

현재 가정 간편식 시장이 커지면서 기업들이 가정간편식 사업에 역점을 두고 있다. 출시 상품도 크게 늘고 질적인 성장도 이뤄가고 있다. 유통업계에서는 올해 국내 시장 규모가 3조 원에 육박할 것으로 전망하고 있다.

국내 냉동식품 시장 성장과 프리미엄 열풍을 주도한 것은 CJ제일제당 '비비고' 다. 비비고는 지난 2016년 6월 한국인이 가장 즐겨 먹는 대표 메뉴인 국·탕·찌개를 메뉴로 한 '비비고 가정간편식' 을 출시하며 상온 가정간편식 시장에 본격적으로 뛰어들었다. 비비 고 왕교자, 비비고 한식반찬 등 냉동식품에서의 성공에 이어 1, 2인 가구 특성상 오랫동안 보관하면서도 언제든지 간편하게 즐길 수 있 는 편의성을 고려해 상온 제품으로 구현했다. 특히 한식이라는 특수 성을 감안해 집밥의 푸짐함과 가정에서 정성스럽게 만든 맛을 살리 기 위해 까다로운 맛 검증 절차를 거쳐 만들었다.

선풍적인 인기를 끌며 '국민 가정식' 으로 성장한 비비고 가정간 편식은 최근 누적 판매 3500만 개, 누적 매출 800억 원을 돌파했다. 비비고 육개장 단일품목 판매량만 해도 1000만 개를 넘어섰다. CJ제 일제당은 차별화된 연구개발(R&D) 역량을 기반으로 '정성스럽게 제 대로 만든 가정식' 의 맛 품질을 구현하기 위해 노력하고 있다.

신세계푸드의 대표적인 가정간편식 브랜드는 '올반' 이다. 2014년 '올바르고 반듯하다' 는 철학을 담아 선보였다. 신세계푸드는 한식 뷔페 브랜드 '올반' 을 식품 통합 브랜드로 확장하고, 식품 제조· 유통 사업을 하며 쌓아온 노하우를 바탕으로 개발한 가정간편식에 올반 브랜드를 달아 지난해 시장 공략에 나섰다.

신세계푸드는 올반 육즙 가득 왕교자, 올반 소불고기 등 냉동식품으로 가정간편식 시장에 뛰어든 데 이어 올해 초에는 간편식 판매 점유율 1위 품목인 국·탕류 시장을 공략하기 위해 얼큰한 육개장· 시원한 소고기 해장국·돼지고기 김치찌개 등을 출시하며 올반 식품 라인업을 확대했다.

신세계푸드는 소비자들의 기호와 편의를 반영한 다양한 신제품을 지속적으로 출시해 올반을 가정간편식 시장 트렌드를 주도하는 브랜 드로 키우고, 800억 원의 매출을 올리는 것이 2018년 목표다.

종합식품기업 아워홈은 삼계탕, 갈비탕, 육개장 등 국·탕·찌개류 제품에서 두드러진 강세를 보이고 있다. 여기에다 2017년 처음으로 출시한 저칼로리 누들 '미인면' 이 매출 2위를 기록하며 시장에서 좋은 성과를 거두고 있어 주목된다. 편의점에서 간편하게 즐길 수 있는 프리미엄 베이커리도 매출 상위 10위권에 이름을 올리는 등 신 제품들의 선전이 돋보였다.

오뚜기 '3분 요리' 는 1981년부터 지금까지 36년간 국내 즉석식 품 최고의 자리를 지키고 있는 대표적인 장수 브랜드이다. 오뚜기죽 은 지난 2016년 5월 리뉴얼 출시 이후 200억 원이 넘는 추가 매출 을 달성했다. 오뚜기에 따르면 2017년 10월 기준 국내 상온간편죽 시장에서 오뚜기죽은 32.2%의 점유율을 기록했다. 국내 전체 상온간 편죽 시장 규모도 지난해 대비 2017년 40%가 넘는 성장세를 보여

주고 있다. 오뚜기 냉동피자도 지난 2016년 5월 출시 이후 2017년 10월 말까지 누적 매출액이 700억 원을 넘어섰다.

가정간편식의 원조 격인 라면시장도 치열한 경쟁 속에 변신하고 있다. 농심은 최근 맛과 안전 모두 만족시키는 '신라면블랙 사발'을 출시했다. 기존 신라면블랙의 맛과 품질을 대폭 끌어올리고, 전자레인지 조리가 가능한 용기로 업그레이드해 출시 초기부터 시장의 반응이 뜨겁다. 용기면을 전자레인지로 조리하면 물의 온도가 조리 내내 100도 전후로 유지돼 끓는 물에 조리하는 것처럼 국물 맛이 진해진다.

농심은 신라면블랙의 맛을 업그레이드하고 새로운 용기면 제품을 출시한 것은 봉지라면의 '맛'과 용기면의 '간편성'이라는 두 마리 토끼를 동시에 잡기 위한 전략으로 새로워진 신라면블랙은 흔히 먹는 레스토랑의 면 요리와 비교해도 결코 뒤처지지 않는 프리미엄 라면의 진수다.

1) '비비고'의 한식로드 혁신 이끈 〈CJ 제일제당〉

CJ제일제당이 2013년 한식의 가치와 우수성을 글로벌 시장에 알리기 위해 선보인 글로벌 한식 통합 브랜드 '비비고'가 거침없는 행보를 보이고 있다. 고정관념을 깨는 차별화·온리원(ONLYONE) 제품을 만들겠다는 발상의 전환을 통해 국내 식문화의 지평을 넓혔고, 미래 식품산업의 방향성을 제시하는 성공모델로 각광받고 있다.

'비비고'는 한국 식문화를 전 세계에 전파해 'K-푸드' 열풍을 일으키겠다는 이재현 CJ그룹 회장의 경영철학을 바탕으로 출시됐다. 한식을 대표하는 만두부터 한식 반찬, 국·탕·찌개, 김치, 김 등 선도적인 제품 개발로 새로운 식문화를 창출하고, 세계무대에서도 혁신기술과 연구개발(R&D) 기반의 제품을 앞세워 글로벌 기업들과 어깨를 나란히 하고 있다.

이처럼 CJ제일제당은 '비비고'를 중심으로 혁신제품을 출시하며 시장의 성장과 변화를 견인하고 있다. '비비고' 대표 제품들은 독보적인 1위를 차지하며 시장을 선점하고 있다. 또 제품의 특장점인 '가정에서 만든 맛 품질'을 앞세워 가공식품에 대한 소비자 인식 변화를 이끌고 있다. 그 결과, '비비고'는 지난2016년 매출 4000억 원을 달성한 데 이어 2017년에는 전년보다 60% 이상 성장한 7000억 원의 매출을 달성하였다.

① '비비고 왕교자', 국내 냉동식품 패러다임 변화 주도: '비비고'는 국내 냉동식품 시장의 패러다임 변화를 주도하며 '프리미

엄 냉동 간편식' 성장의 주역으로 자리 잡았다. 대표적인 제품으로 '비비고 왕교자'를 꼽을 수 있다. '비비고 왕교자'는 냉동식품에 대한 소비자들의 부정적인 인식을 깨고 냉동식품 고급화에 톡톡한 역할을 했다. 돼지고기는 물론 부추, 대파 등 야채도 큼직하게 썰어 넣어 맛은 기본이고 소비자들이 직접 눈으로 어떤 재료가 들어 있는지 확인할 수 있게 만들었다.

결과적으로 '비비고 왕교자'는 폭발적인 인기를 끌며 '국내 대표 만두'로 성장했고, 냉동만두 시장에서 새로운 역사를 써 내려가고 있다. 2013년 12월 출시 이후 3년 8개월 만인 2017년 8월 누적매출 3000억 원, 누적 판매 1억 봉을 돌파하며 단일 브랜드로는 최초로 '최단 기간, 최대 매출'이라는 성과를 거뒀다. 판촉 경쟁이 치열한 시장 상황에서도 폭발적인 인기를 끌며 2017년 매출 1500억 원을 달성한 것이다.

② '비비고 만두' 앞세워 '한국식 만두 식문화' 전 세계 전파: 국내에서의 '비비고 왕교자' 성공에 힘입어 '비비고 만두'를 세계적인 냉동 간편식으로 육성하기 위한 도전도 시작됐다. 한국과 미국, 중국에 이어 2016년과 2017년 베트남과 러시아 현지 업체를 인수하며 대륙별 생산거점을 확보했다. 러시아 만두(펠메

니·Pelmeni) 업체인 라비올리(Ravioli)사를 인수해 성장성이 높은 러시아 냉동가공식품 시장 개척의 교두보를 마련했다. 유럽국가에 인접한 지리적 이점을 활용해 유럽 및 독립국가연합(CIS) 시장 공략에도 유리한 위치에 서게 됐다.

CJ제일제당은 그 동안 R&D 및 제조기술, 브랜드 경쟁력을 키우기 위해 한국과 미국, 중국에 2000억 원에 달하는 금액을 투자했다. 그 결과, 2016년 '비비고 만두'로 국내 1위에 이어 미국 시장 1위를 차지하는 등 국내외 만두 시장에서 3300억 원의 매출 성과를 거뒀다. 혁신적인 연구개발을 통해 제품의 외형과 식감 등을 차별화했고, 세계 최고 수준의 맛 과 품질을 구현하는 제조 역량도 확보했다.

③ 정성스럽게 제대로 만든 가정식: 국내 냉동식품 시장 성장과 프리미엄 열풍을 주도한 '비비고'가 지난 2016년 6월 한국인이 가장 즐겨 먹는 대표 메뉴인 국·탕·찌개를 메뉴로 한 '비비고 가정간편식'을 출시하며 상온 HMR 시장에 출사표를 던졌다. '비비고 왕교자', '비비고 한식반찬' 등 냉동식품에서의 성공에 이어 1, 2인 가구 특성상 오랫동안 보관하면서도 언제든지 간편하게 즐길 수 있는 편의성을 고려해 상온 제품으로 구현했다. 특히 한식이라는 특수성을 감안해 집밥의 푸짐함과 가정에서 정성스럽게 만든 맛을

살리기 위해 까다로운 맛 검증 절차를 만들었다.

선풍적인 인기를 끌며 '국민 가정식'으로 성장한 '비비고 가정 간편식'은 최근 누적 판매 3500만 개, 누적 매출 800억 원을 돌파하는 성과를 거뒀다. 대표 제품인 '비비고 육개장'만 판매량 1000만 개를 돌파하며 전체 성장을 견인하고 있다. 차별화된 R&D 역량을 기반으로 '정성스럽게 제대로 만든 가정식'의 맛 품질을 구현한 결과다(김민식, 동아일보, 2017.12.20.).

2) '올바르고 반 듯' 철학 담은 '올반' 〈신세계푸드〉

가정간편식(HMR) 시장이 급성장하면서 시장 선점을 위한 식품업체 간 경쟁이 치열하다. 주요 기업마다 자체 보유하고 있는 식품, 음료 제조 기술과 유통 채널을 기반으로 가정간편식을 출시하고 있는 것이다.

이 같은 흐름은 브랜드 인지도와 식품 연구 기술력을 보유하고 있는 식품기업들의 전략적 움직임으로 풀이되고 있다. 산업 특성상 시장에 한번 안착하게 되면 장기적으로 부가가치가 높다는 점에서 신규 브랜드를 통한 가정간편식은 각 업체의 미래 성장동력으로 여겨지고 있기 때문이다.

이러한 흐름에 맞춰 가장 주목받고 있는 식품 브랜드는 신세계푸드의 '올반(Olbaan)' 이다.

올반은 2014년 '올바르고 반듯하다' 는 철학을 담아 론칭한 이후 소비자에게 꾸준한 사랑을 받고 있는 한식뷔페 브랜드이다. 신세계푸드는 식품 제조, 유통 사업을 하며 쌓아온 노하우를 바탕으로 개발한 가정간편식에 올반 브랜드를 달아 지난해 본격적으로 출시하며 시장 공략에 나섰다.

'올반 육즙 가득 왕교자', '올반 소불고기' 등 냉동식품으로 가정간편식 시장에 뛰어든 신세계푸드는 2017년 초 간편식 판매 점유율 1위 품목인 국, 탕류 시장을 공략하기 위해 '올반 얼큰한 육개장', '올반 시원한 소고기 해장국', '올반 돼지고기 김치찌개' 등을 출시하며 라인업을 확대했다. 올반 국, 탕류 간편식은 국내산 채소와 돼지고기, 신선한 양지 등 좋은 재료로 정성껏 만들어 맛과 영양이 높아 웰빙 가정간편식을 선호하는 고객들로부터 신뢰를 얻고 있다. 특히 신세계푸드는 올반 국, 탕류의 가격을 시중에서 판매되는 타 브랜드의 국, 탕류보다 5~10% 저렴하게 정해 고객들의 실속 있는 구입이 가능하도록 했다.

올반 가정간편식은 새로운 제품 개발에도 노력하고 있다. 업계 최초로 만두에 진한 불맛의 짬뽕 육즙을 담아 출시한 '올반 육즙가득

짬뽕 군만두'는 매운맛을 좋아하는 고객들의 호응을 얻으며 매월 10만 개 이상 팔리는 효자 상품으로 자리 잡았다. 짬뽕군만두의 선전에 힘입어 지난달에는 매운맛을 낮춘 '올반 육즙가득 백짬뽕 군만두'를 선보이며 겨울철 성수기 공략에 박차를 가하고 있다.

또한 '올반 국물 떡볶이'는 일반 떡볶이와 달리 떡 가운데 구멍을 뚫어 소스가 잘 스며들고 푹신한 식감이 들도록 했다. 타 업체들이 낮은 비용으로 빠르게 생산하기 위해 일반적인 떡볶이 떡을 넣은 것과 대조적이다. 이러한 점이 고객들의 호평으로 이어져 올반 국물 떡볶이는 마니아층을 확보하며 월평균 1만 개 이상 판매되고 있다.

이 밖에도 최근에는 홈술족과 혼술족의 증가에 따라 '나만의 작은 이자카야'라는 콘셉트로 집에서 간편히 즐길 수 있는 '허브맛 촉촉한 닭구이', '향긋한 올리브와 새송이' 등의 안주류 가정간편식을 잇따라 선보이며 고객층 확대에도 주력하고 있다.

신세계푸드는 소비자들의 기호와 편의를 반영한 다양한 신제품을 지속적으로 출시해 올반을 가정간편식 시장의 트렌드를 리드하는 브랜드로 키우고 2017년 800억 원의 매출을 올렸다.

3) 누들 '미인면' 돌풍 주도 〈아워홈〉

2017년 기준 가정간편식(HMR) 시장 규모는 약 3조원이다. 이제 가정간편식은 어쩌다 먹는 별식이 아닌 일상식으로 자리 잡은 것이다. 가정간편식이 소비자들의 일상에 깊숙이 들어오면서 그야말로 '언제 어디서나' 가정간편식을 즐길 수 있을 만큼 제품의 카테고리도 더욱 세분화되었다

종합식품기업 아워홈의 2017년 HMR 판매량에 따르면, 부동의 매출 1위 삼계탕을 비롯해 갈비탕, 육개장 등 국·탕·찌개류 6개 제품이 매출 상위 10위 안에 포진하며 전통적인 주력 HMR로서의 면모를 과시했다. 이러한 가운데 2017년 처음으로 출시한 저칼로리 누들 '미인면'이 매출 2위를 기록하며 놀라운 약진을 보였고, 편의점에서 간편하게 즐길 수 있는 프리미엄 베이커리가 새롭게 이름을 올리는 등 새로운 카테고리 제품들의 선전이 돋보였다.

아워홈 고려 삼계탕은 2년 연속으로 아워홈 가정간편식 매출 1위를 차지했다. 삼계탕은 식재료 손질이 번거롭고 불 앞에서 오랜 시간을 들여 조리해야 하므로 성수기로 알려진 여름이 아니어도 일년 내내 꾸준한 판매액을 기록하는 스테디셀러 제품이다.

아워홈은 1인 가구가 즐기기 좋은 반마리 제품부터 뼈를 바를 필

요 없는 순살 제품까지 총 5가지 삼계탕 제품을 운영하며 소비자들의 다양한 입맛과 취향을 공략하고 있다. 아워홈 삼계탕 제품군의 2017년 11월 누계 매출은 전년 동기 대비 약 20% 가까이 상승했다.

특히, 여름에는 식품 유통 트렌드를 반영한 신개념 삼계탕 '바다전복 삼계탕'과 '통순살삼계탕' 2종을 신규 출시하며 주목받았다.

먼저, 국물취향 '바다전복 삼계탕'은 국산 영계와 전복을 통째로 넣고 수삼, 찹쌀 등 갖은 식재료와 함께 오랜 시간 정성스레 끓여내 깊고 진한 육수 맛을 자랑한다. 단백질과 미네랄, 비타민이 풍부해 '바다의 산삼'으로 불리는 전복은 여름 무더위에 지친 원기회복을 도울 뿐만 아니라 쫄깃한 식감과 은은한 바다 향으로 입맛을 돋워준다. 품질 좋은 국내산 영계는 담백한 맛과 부드러운 식감을 느낄 수 있다. 가격은 1만2000원이다.

간편하게 식단관리를 할 수 있는 제품도 있다. 아워홈은 2017년 업계 최초로 곤약면을 사용한 무(無)조리 HMR '미인면'을 출시했다. 곤약은 100g당 열량이 10kcal에 불과한 데 비해 포만감이 크고 체내 노폐물 배출에도 도움을 주는 것으로 알려져 미용과 다이어트에 관심이 높은 여성들에게 각광받는 식재료다. 아워홈 '미인면' 4종의 열량은 55~110kcal 수준에 불과하고, 뜨거운 물을 붓거나 소스만 비비면 기다림 없이 즉석에서 바로 취식이 가능한 무(無)조리 콘셉트가 돋보인다.

아워홈은 2017년 6월에 출시된 콜드 누들 '김치말이 육수' 및 '동치미 육수' 2종이 인기를 끌자 가을·겨울철에도 즐길 수 있는 '매콤비빔소스'와 '베트남쌀국수육수' 맛을 추가 출시했다. 미인면 '베트남쌀국수육수'는 육수 소스와 건더기 스프에 따뜻한 물을 부어 찬바람 부는 날 따끈하게 즐길 수 있다. 건더기 스프에는 건파와 양파, 청양고추 등을 푸짐하게 넣어 진하고 담백한 육수의 풍미를 살렸다. 미인면 '매콤비빔소스'는 찰고추장과 사과식초, 참기름 등을 주재료로 황금비율을 맞춘 특제 비빔소스의 감칠맛이 일품이다. 함께 동봉된 김·깨 고명은 고소함을 더한다. 기호에 따라 삶은 계란이나 오이채 등을 곁들이면 맛이 더욱 풍성해진다. 제품 가격은 3000원이다.

디저트 시장이 확대되면서 간편하게 즐길 수 있는 디저트 제품들도 속속 등장했다. 아워홈은 4월 편의점용 프리미엄 디저트 브랜드 '디저트 살롱'을 론칭하고 합리적인 가격에 즐길 수 있는 고품질 디저트 신제품을 잇달아 출시했다.

2017년 9월에 선보인 신제품 '한입에 쏙 미니슈'는 3~4㎝ 남짓한 앙증맞은 크기로 한입에 쏙 들어가 깔끔하게 즐길 수 있다. 두

제품 모두 '플레인'과 '초코' 등 두 가지 맛으로 구성됐다. '플레인'은 화이트 초콜릿으로 만든 화이트 가나슈크림으로 깔끔한 달콤함을, '초코'는 벨기에산 초콜릿 특유의 깊고 진한 풍미를 선사한다. 소비자 가격은 '크림가득슈' 1500원, '한입에 쏙 미니슈'는 1600원이다.

4) 한국인 입맛에 맞춘 간편식 원조 〈오뚜기〉

우리나라 최초의 간편식은 무엇일까? 대다수의 사람들이 오뚜기 3분 카레를 가장 먼저 떠올릴 것이다. 1969년 설립된 종합식품기업 ㈜오뚜기는 1981년 국내 첫 즉석요리인 3분 카레로 가정간편식(HMR) 시장 문을 최초로 열었다. 36년이 지난 현재 간편식 시장은 1인 가구와 혼밥족 등이 증가함에 따라 폭발적인 성장을 이어가고 있다. 한국식품유통공사와 업계에 따르면 간편식 시장 규모는 2016년 2조3000억 원으로 5년 전에 비해 3배가량 커졌다. 2017년 30% 이상 성장해 2018년에는 3조 원을 넘어설 것으로 업계는 예측하고 있다.

기술이 발달하고 시장이 성장함에 따라 간편식도 시대와 사회적 환경에 부합해 다각도로 발전하고 있다. 3분 카레에서 시작된 간편식은 이제 즉석밥, 피자, 볶음밥 등 메뉴도 다양하게 진화를 거듭하고 있다.

① 큼직한 건더기부터 맛까지 한 컵에 '오뚜기 컵밥' : 3분 요리와 옛날 사골곰탕으로 시작된 간편식은 즉석밥의 시대를 맞이하며 폭발적으로 성장했다.

지난 2016년에는 간편성을 강조한 컵밥 제품으로 김치참치덮밥, 제육덮밥, 진짬뽕밥, 부대찌개밥 등 8종을 출시했고, 2017년 들어서는 쇠고기미역국밥, 북어해장국밥, 사골곰탕국밥, 양송이비프카레밥 등 7종을 추가 출시하면서 총 15종을 판매하고 있다. 오뚜기는 오뚜기 컵밥은 2018년 2월 평창겨울올림픽대회 국가대표 남자 아이스하키팀을 모델로 기용한 TV 광고가 온에어 중이다. 오뚜기 컵밥과 진라면은 최근 올림픽 에디션을 출시하고 온·오프라인에서 다양한 이벤트를 진행하고 있다.

② "오죽 맛있으면 오뚜기죽!" : 오뚜기의 '오뚜기죽'은 2016년 5월 리뉴얼 출시 이후 200억 원이 넘는 추가 매출을 달성하며, 2017년 10월 국내 상온간편죽 시장에서 32.2%의 점유율(2016년 5월 4.7% 대비 27.5% 증가)을 기록했다. 국내 전체 상온간편죽 시장

규모도 2016년 대비 2017년 40%가 넘는 성장세를 보여주고 있다.

'오뚜기죽' 은 간편하면서도 영양이 풍부한 아침 대용식을 찾는 소비자들을 위해 2017년 5월 5종(전복죽 · 새송이쇠고기죽 · 참치죽 · 통단팥죽 · 단호박죽)을 출시한 데 이어 4종(계란야채죽 · 영양닭죽 · 김치낙지죽 · 쇠고기표고버섯죽)을 추가 출시해 총 9종이 판매 중이다.

오뚜기는 2016년 '오~죽이네!' 라는 콘셉트로 배우 마동석을 오뚜기죽 광고모델로 기용한데 이어 2017년 12월부터는 이상민을 모델로 기용한 '내가 오죽하면 이렇게 많이 샀겠어? 오죽 맛있으면 오뚜기죽!' 이라는 콘셉트의 광고를 온에어 중이다. 오뚜기는 오뚜기죽 브랜드 사이트를 오픈하고, '오뚜기죽 찾기 이벤트' 등 다양한 이벤트를 진행하고 있다.

한국인 입맛에 맞춘 '오뚜기 냉동피자' : 오뚜기 냉동피자 인기도 심상찮다. 오뚜기 냉동피자는 2016년 5월 출시 이후 2017년 10월 말까지 단일품목 누적매출액이 700억 원을 돌파했다. 소셜네트워크서비스(SNS) 등에서 입소문이 더해지면서 일일 판매량이 4000개를 넘어서는 매장도 생겨났다. 일부 오프라인 매장에서는 품절 사태를 빚기도 할 만큼 큰 인기를 누리고 있는 제품이다.

오뚜기 피자는 총 4종(콤비네이션, 불고기, 고르곤졸라, 호두&아몬드)으로 집에서도 간편하게 조리할 수 있는 게 특징이다. 전자레인지나 오븐뿐만 아니라 프라이팬으로도 조리가 가능하다. 고온으로 달군 돌판오븐에서 구워낸 피자로 정통 피자의 맛을 느낄 수 있다. 뿐만 아니라 특히 이 제품은 2, 3인이 먹기 적당한 크기로 배달 피자를 한 번에 다 먹지 못해 부담인 혼밥족에게 안성맞춤인 제품으로 각광받고 있다.

국내 냉동피자 시장은 연간 50억 원 규모였으나, 2016년 5월 '오뚜기 피자' 출시로 시장 규모가 점차 확대되고 있는 추세다. 2017년 냉동피자 시장은 900억 원 규모로 성장하였다.

5) 사발로 끓여 먹는 컵라면 간편식 개척 〈농심〉

마니아들 사이에서 '라면을 전자레인지에 돌려 먹으면 맛있다'는 소문이 SNS를 통해 전파 되면서 일반 컵라면도 전자레인지에 돌려 먹는 소비자들이 늘고 있다. 특히 편의점이 증가하면서 전자레인지는 컵라면의 완벽한 조리도구로 변모했다. 그러나 일반 컵라면은 전자레인지 조리를 권장하지 않는다고 표기하고 있어, 맛이냐 안전이냐를 놓고 항상 고민하게 된다.

농심은 최근 맛과 안전 모두 만족시키는 신라면블랙사발을 출시했다. 기존 신라면블랙의 맛과 품질을 대폭 끌어올리고, 전자레인지 조리가 가능한 용기로 업그레이드해 출시 초기부터 시장의 반응이 뜨겁다.

① 국물과 면발 모두 살리는 마법의 전자레인지: 컵라면은 데워 먹는 방식이기 때문에 면발과 국물 맛 등이 봉지라면과 차이가 있다. 하지만, 용기면을 전자레인지로 조리하면 물의 온도가 조리 내내 100도 전후로 유지가 돼 끓는 물에 조리한 것처럼 국물 맛이 진해진다.

실제 용기면을 조리한 직후 국물 온도를 비교해보면, 일반 용기면은 80도전후인데 반해 전자레인지 조리 용기면은 99도 나타난다. 특히 전자레인지에서 나오는 마이크로파가 음식물의 위, 아래, 겉과 속에 있는 수분과 반응해 라면을 보다 골고루 익게 한다. 또한, 면 내부에 있는 전분의 호화가 촉진돼 면이 보다 투명해지고 차진 식감을 구현해 봉지라면과 같은 진하고 깊은 맛이 난다.

농심은 신라면블랙을 더 맛있게 먹을 수 있도록 맛과 품질을 대폭 강화했다. 면은 전자레인지와 끓는 물 조리에 모두 적합한 면발로 개선해 쫄깃함을 극대화했다. 수프는 면과 함께 넣는 양념분말과 조리 후 넣는 후첨 우골(牛骨)분말로 구성해 더욱 진하고 깊은 국물 맛을 구현했다. 특히, 표고버섯, 청경채, 계란플레이크, 고기고명 등 기존 대비 2배 이상 중량을 늘린 푸짐한 건더기는 보는 재미와 함께 풍부한 식감을 선사한다.

농심 신라면블랙의 맛을 업그레이드하고 새로운 용기면 제품을 출시한 것은 봉지라면의 맛과 용기면의 간편성이라는 두 마리 토끼를 동시에 잡겠다는 전략이다. 새로워진 신라면블랙은 흔히 먹는 레스토랑의 면 요리와 비교해도 결코 뒤처지지 않는 프리미엄 라면의 진수다.

② 160도까지 견디는 견고한 용기: 전자레인지 용기면과 일반 용기면의 가장 큰 차이는 재질이다. 전자레인지 용기면은 고온에서 조리되는 특성상 높은 온도에서도 쉽게 녹지 않는 재질로 만들어야 한다. 시중에 판매되는 대부분의 용기는 이러한 재질을 사용하지 않아 전자레인지 조리가 불가하다.

농심은 신라면블랙사발을 개발하며, 보다 높은 차원의 고객 안전을 확보하기 위해 전자레인지 조리가 가능한 용기 개발에 중점을 두었다. 농심은 160도까지 견딜 수 있는 PP(폴리프로필렌) 소재를 택했다. PP 소재는 즉석밥의 용기를 만드는 데 쓰인다.

시중에 판매되고 있는 다른 전자레인지용 용기로 사용되는 소재는 HDPE(고밀도폴리에틸렌)로 녹는점이 약 125도. 보통 제품 조리는

100도 넘지 않기 때문에 모두 식품의약품안전처에서 전자레인지 조리용으로 허가한 안전한 소재이지만 농심은 그 기준을 더 강화해서 적용한 것이다.

농심 R&D센터는 끓는 물을 붓고 표준 조리시간(2분) 보다 훨씬 긴 20분 동안 전자레인지를 돌려본 실제 실험에서도 내부 용기 재질의 변화는 없었다고 용기 안전성을 강조한다.

③ 신라면 블랙사발로 '끓여 먹는 컵라면 시대' 활짝: 농심이 신라면블랙을 전자레인지 조리 용기로 출시한 것은 꾸준히 성장하는 라면시장 용기면 수요에 따른 것이다. 닐슨코리아 자료에 따르면, 지난 2016년 2조1500여억 원 규모의 국내 라면 시장에서 용기면 매출이 차지하는 비중은 34%(약 7400억 원)로 그 수치가 매년 꾸준히 증가하고 있는 추세다. 2017년에는 최대 37%까지 늘었다.

용기면 소비 증가는 라면 시장이 성숙 단계에 접어들면서 나오는 현상으로 분석된다. 1인 가구가 늘어나고 편의점 이용이 보편화되면서 다양한 맛의 제품을 시간과 장소 제약 없이 간편하게 먹을 수 있는 소비 트렌드가 확산되었기 때문이다. 실제 라면 원조국 일본은 이미 용기면 시장이 봉지면 시장보다 2배 이상 크다. 특히, 용기면은 편의점에서 가장 많이 판매된다. 지난 2016년 기준 연간 용기면 매출 가운데 48%가 편의점에서 발생할 정도로(2위는 대형마트·15%) 편의점은 용기면 인기의 바로미터로 불리고 있다.

현재 국내 용기면 시장은 1위 농심 육개장사발면에 이어 신라면컵, 불닭볶음면큰컵, 왕뚜껑, 신라면큰사발 등이 매출 톱5를 형성하고 있다.

농심은 신라면블랙사발 출시로 편의점 이용과 전자레인지로 음식을 조리해 먹는 데 친숙한 1020 소비자들에게 초점을 맞췄다. 농심은 현재 편의점 국물라면 가운데 전자레인지로 조리 가능한 제품이 적다는 점을 감안해 신라면블랙사발을 시작으로 향후 전자레인지 조리 용기면 신제품 출시를 확대해 나가고 있다(박진혜, 동아일보, 2017.12.20.).

6) 안주 조리법을 그대로 담은 〈대상 (주)청정원〉

이제 집에서도 서울 대표 맛집의 안주를 간편하게 즐길 수 있게 됐다. 대상㈜ 청정원은 신규 브랜드 '안주야(夜)'를 론칭하고, 청정원의 조미 기술과 트렌드를 반영한 콘셉트로 안주 가정간편식(HMR) 시장을 새롭게 구축하고 있다.

한국농식품유통공사 자료에 따르면 국내 HMR 시장 규모는 2010

년 7700억 원에서 2016년 2조3000억 원으로 연평균 20% 정도의 가파른 성장을 보이고 있다.

최근 제품분야도 점점 세분화되고 있는데 이 중 혼술, 홈술 트렌드로 안주 상품에 대한 소비자 수요가 자연스레 늘면서 안주 HMR 시장도 각광 받고 있다.

안주야(夜) 제품에 대한 초기 시장 반응도 고무적이다. 2017년 3월, 11번가에서 진행한 청정원 브랜드 데이에서 단시간에 초기물량이 매진되는 등 판매에 기대감을 높였다. 실제로 최근 할인점에서는 안주야(夜) 단독 매대가 생기는 등 인기를 이어가고 있다.

'무뼈닭발'은 국내산 마늘과 고춧가루의 풍부한 매운맛에 맛집 조리 방법 그대로 170도 오븐에 구워 기름기를 쫙 빼 쫄깃한 식감을 그대로 담았다. '매운껍데기'는 두툼한 등심 껍데기를 사용해 씹는 맛을 살리고, 전문점에서만 사용한다고 알려진 커피를 넣어 삶아 잡내를 제거했다. 국내산 마늘로 양념하고 센 불로 가마솥에 볶아내 맛과 풍미를 높였다. '불막창' 역시 가장 두툼하고 고소한 부위를 엄선해 커피로 잡내를 완벽하게 제거하고 가마솥에 볶아 고소한 맛을 제대로 살린 것이 특징이다.

한 제품 당 1, 2인분 용량이며, 전자레인지 또는 프라이팬 조리로 쉽고 간편하게 즐길 수 있다.

2017년 8월 출시한 '안주야(夜) 논현동 포차 스타일 직화 곱창, 직화 모듬 곱창 2종'은 안주 인기 메뉴인 곱창과 모듬 곱창을 전문점에서 먹는 방법 그대로 숯불 직화로 구워 불 맛이 살아있는 것이 특징이다. 돼지 도축 후 당일 가공한 신선한 곱창 원료를 사용해 믿을 수 있고, 매운맛을 낮춘 가족형 파우치 제품으로 사리와 채소를 넣어 볶으면 한끼 식사로도 넉넉하게 즐길 수 있다. 기존 형태의 용기형 제품도 출시를 앞두고 있다.

청정원은 안주야(夜)는 소비자들이 안주 구매 시 중요하게 생각하는 맛과 전문성을 모두 충족하면서 대표 맛집의 안주를 집에서도 간편하게 즐길 방법을 제시한다. 단순히 집에서 혼자 먹는 술이 아닌, 내가 좋아하는 것을 편안하게 즐길 수 있도록 하는 제품들로 혼술, 홈술을 새롭게 써내려가고 있다(정상연, 동아일보, 2017.12.20.).

7) 이탈리안 '홈 다이닝' 한 끼 선사 〈파리바게뜨〉

파리바게뜨는 국내에 유럽풍 베이커리 문화를 소개하고 발전시키며 시장을 선도해온 대표 브랜드다. 맛과 품질에서 혁신적인 제품들을 지속적으로 선보이며 국내 식문화에 새로운 가치를 제시하고 있다. 파리바게뜨는 혼자라도 대충 때우는 것이 아닌, 제대로 된 한

끼를 찾는 소비자들의 니즈를 만족시키는 가정간편식(HMR· Home Meal Replacement) '홈 다이닝(Home Dining)' 3종을 선보였다.

파리바게뜨 홈 다이닝 제품은 매장에서 신선한 재료로 갓 만든 이탈리안 음식을 집에서 데우기만 하면 근사한 한 끼가 완성되는 반조리 간편식이다. 밥 위에 로스팅한 허브 치킨과 매콤한 청양고추가 어우러진 '로스트 치킨 도리아', 정통 볼로네세 소스의 펜네 파스타에 모차렐라 치즈를 얹어 노릇하게 구워낸 '미트 볼로네세 그라탱', 토마토소스에 베이컨, 소시지, 모차렐라 치즈를 풍성하게 올린 '모차렐라 토마토 파스타'로 구성됐다.

전자레인지에 5분 또는 180도 오븐에 10분 데워 예쁜 그릇에 담아내기만 하면 혼자서 혹은 친구들과도 합리적인 가격에 스타일리시한 한 끼를 즐길 수 있다. 천연효모빵, 바게트, 크루아상 등과 곁들여 먹어도 좋다.

파리바게뜨는 SPC그룹의 식품 연구개발(R&D) 분야의 강점과 전국 3400개의 파리바게뜨 매장을 활용해 소비자들에게 다양한 간편식 메뉴를 선보이고 있다(이솔, 동아일보, 2017.12.20).

8) 재료, 통째 넣어 먹는 든든한 한 끼 〈빙그레〉

빙그레는 2017년 7월, 가정간편식(HMR) 브랜드 '헬로 빙그레'를 내놓았다.

헬로 빙그레는 냉동과 유제품 사업을 하는 빙그레의 HMR 야심작이다. 출시 이후 헬로 빙그레는 편의점, 슈퍼, 온라인 등에서 5만 개이상 판매됐다. 최초 온라인 채널인 G마켓을 시작으로 옥션, 티몬, 위메프에 입점했으며 2017년 8월부터는 롯데슈퍼, 미니스톱, 익스프레스365 등의 오프라인 채널에서도 판매하고 있다.

헬로 빙그레는 혼자 먹는 혼밥족들의 영양 밸런스를 생각하고 더나아가 고객에게 따뜻한 한끼 집밥을 먹는 듯한 느낌을 더해주는 빙그레의 새로운 HMR 브랜드이다.

헬로 빙그레는 'Hello', '식사는 하셨어요'라는 친근한 인사를 통해 자연스럽게 안부를 건네듯이 소비자와의 따뜻한 커넥션을 만들고 좋은 HMR 제품을 제공하고자 하는 의지를 담았다.

2017년 7월 선보인 첫 번째 제품 라인업인 덮밥 5종은 '엄마의 정성을 담아 따뜻하고 든든한 한 끼 식사'라는 콘셉트로 출시되었다. 이 제품은 평소에 자주 먹는 익숙한 덮밥 형태이며 집에서 좋은 재료로 직접 만든 것처럼 부족함이 없고 한 끼 식사로 든든한 제품이다. 특히 착한 재료를 사용하고 화학성분을 최소화해 조리 후 바로 냉동하여 신선함을 그대로 살렸다. 다른 냉동볶음밥처럼 원물 재료를 갈아 넣지 않고 그대로 살려 먹을 때 큼직하게 씹히는 원물을 즐길 수 있는 덮밥이다. 혼자 있을 때 한 끼를 만들어 먹기 귀찮은 경우가 많은데 이때 간편하게 조리해 부담 없이 든든한 한 끼를 즐길 수 있다.

최근 헬로 빙그레는 냉동볶음밥 5종을 신제품으로 출시했다. '헬로 빙그레' 냉동볶음밥 신제품은 '토마토 계란 볶음밥', '파인애플 새우볶음밥', '차돌김치 볶음밥', '대패삼겹 볶음밥', '닭갈비 볶음밥' 이다. 이번 신제품 역시 헬로 빙그레'의 가장 큰 특징인 큼직한 원물을 사용해 씹는 맛을 극대화했으며 간편하게 전자레인지에 데워 먹거나 프라이팬에 볶아서 먹을 수 있다. 헬로 빙그레 냉동볶음밥은 파우치 형태로 포장돼 있으며 제품당 400~450g이 들어 있어 2인분 분량으로 적당하다.

빙그레는 1인가구, 혼밥족의 증가로 향후 1인용 HMR 시장의 성장 가능성을 높게 보고 있다며 헬로 빙그레를 통해 HMR 사업을 더욱 확대해 나갈 계획이다(태현지, 동아일보, 2017.12.20).

2. 한식 메인메뉴 히든음식 + 콜라보레이션 메뉴

고객은 대부분 식당의 대표메뉴를 먹으러 간다. 그러나 의외로 대표메뉴에 곁들이는 특정 반찬이 맛있어 방문하게 되는 곳이 많다. 그런 반찬은 대체로 주인장이 직접 만든다. 함께 먹으면 맛을 더욱 배가 시키는 음식도 있다. 간장게장+쌀밥, 김치찌개+달걀말이, 갈비+평양냉면, 매운낙지볶음+조개탕 등이 그것이다.

① 해죽순 돌솥밥+간장게장: 미네랄과 폴리페놀 덩어리인 해죽순은 지구상 최고의 항산화 식품으로 알려져 있다. 해죽순은 나물이나 찜 등 다양한 요리가 가능한데, 돌솥밥에 해죽순을 넣어 특색있다.

밥상을 더욱 풍요롭게 만드는 간장게장은 알려진대로 밥도둑이다. 들밥의 간장게장은 크기가 작아 껍질이 부드럽고 짜지 않아 뜨끈한 해죽순 돌솥밥과 궁합이 안성맞춤이다.

② 가릿국밥+가자미식해: 소갈비로 우려낸 국물이 부드럽고 시원해 속을 확 풀어주는 함흥지방 고유의 국밥이다. 위장에 부담을 주지 않아 특히 해장에 좋다. 선지, 두부, 우둔살 고명이 맛을 더한다.

신선한 가자미를 깨끗이 손질해 조밥과 고춧가루를 넣고 삭힌 것으로 새콤하면서 매운 맛이 독특하다. 쫀득쫀득 씹히는 맛이 가릿국밥과 함께 먹으면 밥도둑이 따로 없다.

③ 기운내 토닭토닭+토마토 샐러드: 토닭토닭의 기본 닭갈비는 주방에서 익힌 닭갈비를 철판에 담아 테이블 가스레인지 위에 철판을 얹어 따뜻한 상태로 즐길 수 있다. 점심시간에는 주먹밥이 제공된다.

애피타이저로 초계국물과 토마토 샐러드가 제공된다. 칼집을 낸 토마토 안에 렌틸콩을 넣고 드레싱을 뿌린 뒤 새싹채소를 얹어 내는데 상큼한 맛이 입맛을 돋운다.

④ 일본식 옛날 파스타+명란 치즈 감자: 집에서 만든 듯한 토마토소스 맛이 특색인 일본식 옛날 파스타는 한입 먹는 순간 추억을 회상하게 한다. 길게 썬 소시지와 피망 등 토핑이 기다란 면과 어우러져 이색적이다.

명란을 듬뿍 품은 명란 치즈 감자는 노릇하게 익힌 비주얼이 참 먹음직스럽다. 짭조름한 명란과 풍미가 가득한 치즈가 어우러져 감칠맛이 좋다.

⑤ 떡갈비+토마토 장아찌: 남도예담의 떡갈비는 일일이 칼로 다져

양념한 후 1~2일 숙성시켜 주문이 들어오면 바로 숯불에 구워 낸다. 고기의 질감과 그윽한 숯향이 살아있는 떡갈비다. 특수 재배한 토마토로 만든 특허받은 토마토 장아찌는 쫀득하면서도 아삭하고, 새콤달콤한 맛으로 떡갈비와 함께 먹으면 혼자서 2인분도 거뜬하다.

1) 갈비찜+모듬전의 어머니 손맛

귀한 손님이 오시거나 경사스러운 날, 혹은 명절에 즐기는 음식으귀한 손님이 오시거나 경사스러운 날, 혹은 명절에 즐기는 음식으로 꼽히는 갈비찜과 모둠전. 갈비를 이용해 갖은 양념과 채소로 쪄낸 갈비찜은 보양식으로도 즐길 수 있으며 달걀에 입힌 채소, 생선, 고기를 기름에 부친 모둠전은 어머니의 손맛과 정성을 담은 대표 메뉴다.

갈비란 늑골(肋骨)을 말하는데, 특히 소의 갈비는 가리라고 하여 '가리찜' 이라고도 부른다. 소갈비는 기름기가 많으므로 지방을 천천히 제거한 다음 당근과 밤, 은행을 섞어 여러 가지 양념에 조린다. 그 위에 표고버섯과 달걀지단 등 색색의 고명을 얹어내면 맛과 모양이 뛰어나 갈비구이 못지않게 외국인들이 좋아하는 음식이 된다. 은행과 밤을 넣고 윤기 나게 조리면 간장 맛이 배어 달콤하면서도 고소하다. 전통 갈비찜과는 전혀 다른 맛이 나는 매콤한 찜갈비의 역사는 1970년대 대구시 동인동 주택가 골목에서 시작됐다. 이렇게 해서 화끈한 맛을 즐기는 대구 사람들 입에 딱 맞는 찜갈비가 탄생한 것이다. 이 집이 선풍적인 인기를 모은 덕분에 한 집 두 집 찜갈비 파는 식당이 늘어나기 시작해 지금은 아예 '찜갈비 골목' 이 들어선 것이다.

모둠전은 온갖 재료에 밀가루나 녹말가루를 입혀 지진 전을 색깔에 맞춰 담아낸 것이 모둠전이다. 육류, 생선, 채소 등의 식재료를 자유롭게 선택해 쌀가루나 밀가루 또는 달걀을 풀어 옷을 입힌 다음 번철에 기름을 둘러 부친 것들을 통틀어 전이라고 한다. 전의 고유한 이름은 전유화로, 전유어라 읽고 속어로 전야라고 소통되다가 그냥 전이 됐다는 설이 있으며, 전을 제사상에 올렸을 때는 '간남' 이라고도 불렀다. 무겁지 않으면서도 적당한 포만감을 주는 전은 실제로도 해외에 진출한 한식당에서 스테이크에 필적하는 메인 요리로 자리매김 하고 있다.

2) 나박김치+오이소박이 사계절 별미

무와 배추의 맛이 우러나 새콤달콤하고 시원한 국물이 별미인 나박김치와 상큼한 향과 아삭아삭 씹히는 맛이 특징인 오이소박이는 사계절 내내 즐겨 먹을 수 있는 별미김치다.

오이소박이는 담글 때 손이 많이 가지만 그만큼 맛있고 모양새가 좋아 선호하는 김치다. 오이소박이는 오이에 '십(十)'자 모양으로 칼집을 넣어 절인 다음 부추와 다진 마늘, 고춧가루 등을 넣어 버무린 소를 박아서 담그는 김치다. 예전에는 무더운 날씨 탓에 입맛을 잃는 여름철에 주로 먹었지만 사계절 내내 오이가 생산되는 요즘은 1년 내내 담가 먹는다.

3) 간장게장+낙지볶음 저장요리와 볶음의 융합

간장게장은 간장게장을 반찬 삼아 밥을 먹다 보면 언제 없어졌는지 모르게 밥 한 그릇이 뚝딱 비워진다. 게장은 게에 간장을 달여서 부어 삭힌 저장식품으로 '게젓'이라고도 부른다. 1600년대 이전부터 담가 먹던 전통음식으로, 오뉴월 한창 알을 배고 있는 게로 담가야 제 맛이다. 잘만 보관해두면 1년 내내 알이 배어 있는 게장을 맛볼 수 있다.

게장을 담그려면 꼭 살아있는 게를 써야 한다. 《규합총서》라는 옛 문헌을 보면 항아리에 쇠고기 조각을 살아 있는 게와 함께 넣으면 하룻밤 사이 게가 쇠고기를 모두 먹어치우는데 거기에 간장을 부어서 게장을 담근 것으로 되어 있다. 이렇게 쇠고기를 먹인 게로 게장을 담그면 맛이 더 좋았다고 한다.

전라도 지방에서는 '벌떡게장'을 잘 담근다. 살아있는 바닷게를 탁탁 토막 쳐서 양념장을 부었다가 하루나 이틀이 지난 뒤에 먹는 게장이다. 맛이 달고 신선하지만 오래 저장을 못하기 때문에 벌떡 먹어치워야 한다고 해서 벌떡게장이라는 재미있는 이름으로 불린다. 전라남도 강진의 '콩게젓'은 콩만큼 작은 게를 맷돌에 갈아서 걸쭉해진 것을 소금·고춧가루로 버무려 담근 것이다.

제주도에서는 게장을 '깅이젓'이라 하며, 음력 삼월보름날 썰물 때에 잡아서 장을 담그는데, 이것은 모든 병에 좋다는 속설이 전해지고 있다. 게가 많은 강화도에서 어렵게 자랐던 강화도령 철종이 가을 수라에 간장을 올리지 않으면 진지를 들지 않았다고 할 만큼 게는 가을 시식의 으뜸이었다.

간장게장으로 유명한 식당들은 20년이 넘는 묵힌 간장에 매번 부족한 양념을 보태가면서 게장을 담그기도 한다.

낙지볶음은 입에 불이 난 듯 울면서 먹지만 돌아서면 다시 먹고 싶어지는 알다가도 모를 묘한 요리이다. 낙지 한 마리가 인삼 한 근과 맞먹는다고 할 정도로 낙지는 잘 알려진 스테미너 식품이다.

4) 물냉면+비빔냉면 매콤한 양념장의 일품요리

한 겨울에 따뜻한 온돌에서 즐겨먹던 냉면이 오늘날에는 여름철 대표 별미로 사랑받고 있다. 시원한 육수에 말아먹는 물냉면과 매콤달콤한 양념에 비벼먹는 비빔냉면으로 무더운 여름철을 건강하게 날 수 있다. 냉면을 언제부터 먹기 시작했는지는 확실하지 않지만 주원료인 메밀이 고려시대(918~1392)에 몽골로부터 전해진 것으로 보아 북쪽 산간지대에서 국수 형태로 만들어 먹은 것이 시초였다. 국물이 생각보다 자극적이면 미리 삶은 달걀을 먹어두는 것도 한 방법이다.

함흥 지방의 바닷가에서는 예전부터 가자미가 많이 잡혔다. 신선한 가자미로 회를 떠서 맵게 양념해 먹고 했는데, 이 회무침을 냉면에 얹은 것이 바로 회냉면이다. 감자녹말로 만들어 질긴 국수와 칼칼한 양념회가 어우러져 별미를 만들어냈다.

한국전쟁 이후, 실향민들을 통해 남한에도 알려지게 되었는데 함경도 지방과는 풍토가 달라 감자녹말 대신 제주도의 고구마녹말로 국수를 뽑고, 가자미 대신 홍어나 가오리회를 올려 먹었다.

부산까지 피난 갔다가 전쟁이 끝난 후 서울로 돌아온 실향민들이 이북 5도청이 소재하던 장충동 근처, 오장동에 모여들었고 함흥냉면 집들이 하나둘 생기면서 유명한 함흥냉면 골목이 만들어졌다.

5) 탕평채+해파리냉채 정성이 가득 찬 메뉴

채소나 과일 등의 식재료를 가늘고 길게 써는 것을 의미하는 '채' 형태의 음식은 보기와는 달리 조리하는 데 손이 많이 가는 만큼 정성이 가득한 메뉴다.

탕평채라는 이름은 탕탕평평(蕩蕩平平)이라는 한자말에서 유래한 말이다. 비빔밥과 탕평채는 그 대표적인 음식이다.

해파리냉채는 미식가들은 해파리가 가지고 있는 특유의 맛과 식가 때문에 해파리냉채를 즐겨 찾는다.

6) 칼국수+만두 정겨운 음식, 특별한 맛

우리나라 밀가루 음식의 대표주자 격인 칼국수와 만두는 지금은 가정이나 외식업소에서 쉽게 맛 볼 수 있지만 과거에는 특별한 날이 아니면 먹기 힘든 귀한 음식이었다.

칼국수는 지치고 힘든 사람들에게 쫄깃한 면발과 뜨거운 국물로 위로를 건네는 정겨운 음식이 칼국수다. 칼국수는 밀가루를 반죽해 방망이로 얇게 민 다음 칼로 가늘게 썰어서 국물에 넣고 끓여 만든다. 어떤 재료로 국물 맛을 내느냐에 따라 그 종류도, 맛도, 품격도 달라지는 재미있는 음식이다. 칼국수에 감자와 애호박이 빠지지 않는 것도 그맘때 한창 맛이 드는 채소가 감자와 애호박이었기 때문이다.

만두는 신의 노여움을 잠잠하게 만들었을 정도로 특별한 맛을 자랑하는 아주 오래된 요리이다. 만두는 원래 중국 음식으로 제갈량에 의해 생겼다. 제갈량이 남만 정벌을 마치고 돌아가는 길에, 노수라는 강가에서 심한 파도와 바람으로 인해 발이 묶이고 말았다. 사람들은 노수에는 황신이라는 신이 사는데 그 신이 노한 것이니 마흔아홉 사람의 목을 베어 강에 던져야 무사히 강을 건널 수 있다고 했다. 하지만 억울한 생명을 줄일 수 없었던 제갈량은 밀가루로 사람의 머리 모양을 만들고 그 안을 소와 양의 고기로 채워 황신에게 제물로 바쳤다. 얼마 후 노수는 잠잠해졌는데 남만인들은 제갈량이 바친 음식 때문에 잠잠해진 것으로 생각하여 '기만하기 위한 머리'라는 뜻의 '만두(饅頭)'라고 부르기 시작했다. 그때부터 사람 머리 모양의 만두가 북방으로 전해져 오늘날 중국의 대표 음식 중 하나가 되었고, 우리나라와 일본으로 전해져 세 나라 국민 모두가 즐기는 별미가 되었다.

7) 비빔밥+토핑 한국전통의 맛 재현

밥에 각종 나물과 고추장, 그리고 기타 재료(계란 등)을 넣고 비벼서 만드는 요리다. 한국의 전통 음식이며, 간편하고 손쉽게 만들어 먹을 수 있다는 장점이 있다. 보통 정통식 나물비빔밥은 명절 때 많이 먹게 된다.

아주 오랜 과거, 대략 한 500년전부터 비빔밥을 즐겨 먹었던 것으로 추정된다. 게다가 영양적으로도 훌륭하고 나물이 많이 들어가 조금만 먹어도 배부르다.

이름은 비빔밥 하나지만 맛은 아예 다른 수많은 레시피가 있다. 가장 큰 이유는 비빔밥에 들어가는 재료가 워낙 오만가지인지라 그때그때 맛이 엄청나게 차이나기 때문으로, 꼭 전주까지 가서 먹을 필요는 없지만 방문하게 되면 한번쯤은 먹어봐야 하는 음식이긴 하다.

전주 토박이를 외지에서 만나면 잘 나오는 게 비빔밥 관련 이야기지만, 정작 전주 토박이들은 전주비빔밥에 대한 애정이 거의 없는 편이다. 평소에 전주비빔밥을 거의 먹지 않는다는 사람이 대부분이고, 오히려 외지인들에게는 인지도가 별로 없는 콩나물국밥이 진짜 자주 먹는 토착음식이라고 말하는 사람이 많다.

주요 야채 재료는 콩나물, 오이, 고사리, 당근, 버섯, 양파, 무, 도라지, 시금치 등 각종 나물, 야채 등이 들어가고, 양념은 고추장, 쇠고기, 참기름, 볶음고추장이 사용된다.

(1) CJ푸드빌의 〈비비고〉

가. 브랜드

bibigo는 Healty & Fresh라는 테마에 걸맞은 신선한 채소와 나물이 풍성한 샐러드 형태의 비빔밥에 4가지 밥과 6가지 토핑 그리고 4가지 소스를 기호에 따라 선택할 수 있도록 하였으며 다양한 한식 일품요리 및 Tapas도 함께 즐길 수 있다.

나. CJ푸드빌

CJ푸드빌은 1994년 패밀리 레스토랑 '스카이락' 사업을 시작한 이래, 1997년 독자적인 양식 패밀리레스토랑인 '빕스'를 개발하여 런칭하였으며, 이러한 성공을 바탕으로 2000년에 CJ주식회사로부터 분리·독립되면서 전문외식기업 CJ푸드빌이 탄생하게 되었다.

'국내 최고의 외식서비스 기업'을 지향하는 CJ푸드빌은 Food와 Village의 합성어로 한 마을에 사는 이웃과 가족들 간의 단란한 식사공간을 통해 안락하고 행복한 부담 없이 편한 서비스를 제공하자는 의미에서 비롯되었다.

bibigo는 CJ의 한식세계화 프로젝트의 일환으로 세계 각지의 고객들에게 건강하고 신선한 한국 음식을 제공하고 있다.

최근 한류를 바탕으로 한식에 대한 관심이 증가하고 있는 가운데 한식의 우수성이 국내외 언론을 통해 확산되고 있다. 특히 김치·불고기·비빔밥 등을 중심으로 한식이 세계에서 큰 주목을 받고 있다. 또, 뉴욕타임스는 매년 개최되는 LA의 김치 타코 요리를 인기리에 보도한 바 있는데, 이는 단순히 김치로서의 기능뿐만 아니라 우리나라의 김치가 세계화된 식품으로 자리 잡고 있음을 알 수 있는 대목이다.

〈표3〉 비빔밥 출시 브랜드

회사	CJ	LG아워홈	본아이에프
	bibigo 비비고	babi dab ida 밥이답이다	본 비빔밥
슬로건	신선함, 건강함	건강하고 든든한 한끼 *.최초의 한식 패스트푸드	웰빙 밸런스 푸드
메뉴	• 세 가지 비빔밥을 메뉴로 정해 놓고 밥의 종류, 토핑, 소스를 입맛에 맞게 골라 먹음 • 추천메뉴와 함께 스페셜메뉴와 타파즈, 캐주얼다이닝 메뉴가 있음 • 우리 음료 막걸리와 쌀아이스크림 외에도 와인, 맥주가 갖춰져 있음. 특히, 새로 개발한 막걸리 칵테일이 특이함 • Take-out도 할 수 있도록 도시락 메뉴를 만들어 놓음 • 외국인들도 즐길 수 있는 비빔밥 메뉴를 개발	• 시간대별로 메뉴를 달리 하는 것이 특징 • 주전부리와 사이드메뉴를 갖추고 있음 • 마실거리는 3가지 종류뿐임 • 비빔밥을 전문적으로 하는 것이 아니라 비빔밥류는 한 가지뿐임 • 전메뉴 Take-out 가능	• 비빔밥의 종류가 두 체인점에 비해 다양하다 • 추천메뉴가 따로 나와 있으며, 뚝배기&국수류, 두루치기&부가메뉴가 있다 • 전체적인 메뉴의 종류가 두 체인점에 비해 많다 • 도시락 메뉴를 따로 만들어 판매함 • 음료는 따로 나와 있지 않음
가격대 (식사류)	7,500~9,000원	7,000~12,000원	6,000~9,000원
매장	서울에 5개, 싱가포르, 미국, 중국 등 총 8개	압구정점 1개	전국에 본죽&본비빔밥 포함 많은 수의 매장확보
해외 진출	싱가포르, 미국, 중국	중국, 미국	중국, 미국

다. 마케팅

① QSR의 실시 : 'QSR' 이란 '퀵서비스레스토랑' 으로 비비고는 주문에서부터 계산까지 모두 한 번에 이루어지는 퀵서비스레스토랑 이라고 볼 수 있다. 주문의 경우 무엇을 시키는 것에서 끝나는 것이 아닌 직접 밥, 소스, 토핑을 개인의 기호에 맞게 고르면서 그 자리 에서 바로 음식이 나온다.

② Take-Out용 대나무 용기 : 비비고는 고객의 건강과 자연친화 적인 환경을 생각해 Take-Out 용기를 일회용 용기가 아닌, 대나무 용기로 만들어 마케팅하고 있다.

③ 개인의 기호에 맞춘 메뉴 : 다른 음식점과 다르게 비비고는 메 뉴 선정 시 준비된 메뉴들 중에 개인의 입맛에 맞게 고를 수 있도록 차별화된 마케팅을 실시하고 있다. 해외에 진출한 비비고 매장들의 경우에도 그 나라 고객들 입맛에 맞춰 비빔밥에 들어가는 재료의 내 용물을 약간씩 바꾸어 고객들을 유치하고 있다.

④ 한류열풍 활용 : 다른 기업과 달리 먼저 한류열풍에 맞춰서 우 리문화와 같이 식문화를 즐길 수 있도록 홍보하고 있다. 외국인들도

지원하는 오디션 프로그램을 통해서 자연스럽게 외국인들에게 도시락을 협찬하고 있다(mama, 슈퍼스타K, 다양한 후원, 협찬 등).

⑤ 소셜 마케팅 : 에코, 웰빙의 주 콘셉트에 맞춘 소셜 마케팅을 하고 있다. 여기서 소셜 마케팅이란 소셜 미디어를 통한 마케팅이 아니고, 가슴 따뜻하고 긍정적인 이미지를 고취시키는 나눔 마케팅을 말하는데 그 대표적 사례를 살펴보면 다음과 같다.

-사례1 : 뉴욕 타임스퀘어로부터 미국 안방 점령 '전광판광고'

비빔밥의 다양한 재료를 농악, 태권도, 부채춤, 강강술래 등과 연결해 맛과 멋을 표현한 광고 사례로 뉴욕 타임스퀘어 옥외광고를 시작으로 케이블을 통해 미국 안방에도 상영하고 있다. 이를 통해 한식과 비빔밥에 대한 호기심을 자극하게 하고 미국에서 시작한 광고 동영상이 세간의 이슈가 되고 있다. 빨강, 노랑, 파랑 등 형형색색 화려한 색감이 인상적이다. 이는 바로 '무한도전' 팀이 제작한 '비빔밥' 광고 때문이다.

광고는 '난타'의 한 장면에서부터 시작한다. 촬영도 아침 6시부터 다음날 아침 7시까지 25시간 걸렸다. 정말 곳곳에 스텝과 출연진들이 고생한 흔적이 보인다.

뉴욕 타임스퀘어 옥외광고를 시작으로 케이블을 통해 미국 안방에도 상영됐다. 한 달간 미국 최대 케이블TV 방송사인 CNN을 비롯해 ESPN, ESPN2, 푸드 네트워크, 쿠킹채널, TAN TV등 미국 주요 매체에서 총 273회 노출됐다. 인터넷에서도 빠르게 파급되어 유투브 조회 건수가 75만 건을 넘었고 100개 이상 관련 동영상이 게재되었다. 이 광고는 한식과 비빔밥에 대한 호기심을 자극하기에 충분했다. 농림수산식품부는 한식이 세계인이 즐기는 음식으로 자리 잡기 위한 흥미유발로 비빔밥 광고를 통해 많은 미국인들이 한식의 신비로운 맛과 아름다움에 대해 호기심을 갖게 되는 계기가 되었다고 밝혔다.

-사례2 : 비빔밥 유랑단

비비고와 비빔밥 전도사가 비빔밥 및 한식을 널리 알리기 위해 의기투합해 비비고는 강상균, 김명식, 정겨운, 김수찬 등 비빔밥 홍보를 위해 전 세계 일주를 하는 대장정을 후원하며, 한식 세계화를 위해 뜻을 함께 했다.

비빔밥 전도사들은 2013년 4월 5일 출국, 중국 베이징을 시작으로 8개월간 아시아, 유럽, 북미, 남미 등 40개국의 주요 도시를 돌며 100회의 비빔밥 시식행사를 가졌다. 비비고는 이들 비빔밥 전도사의 여정 중 비비고가 위치해 있거나 비비고 입점이 예정된 지역을 중심으로 비빔밥 홍보활동을 적극 지원하였다.

비비고는 비빔밥 홍보 활동이 원활하게 이뤄질 수 있도록 비비고 비빔밥에 이용되는 소스와 밥 등을 제공하고 각종 편의를 제공하는 역할로 이를 통해 전도사 일행이 벌인 외국인 시식 행사 등에 도움이 되도록 홍보한 것이다. 비비고 밥은 햇반 형태로 제공되고, 소스 역시 고추장, 쌈장, 레몬간장, 참깨 등 4종의 파우치로 돼 있어, 해외에서 비빔밥 제공 시 용이하게 되었다.

비비고 운영사인 CJ푸드빌은 외국인 대상의 전 세계 한식홍보를 위해 고행을 선택한 이들의 용기가 대단하다며 한식세계화를 위해 탄생한 글로벌 브랜드 비비고의 후원이 이들 활동에 큰 보탬이 되었다.

또한 비빔밥 유랑단은 중국에 이어 태국서도 폭발적인 호응을 얻었는데 전세계에 한식 대표주자 '비빔밥'을 널리 알리기 위해 조직된 '비빔밥 유랑단(단장 서경덕)'이 중국 행사를 마치고 태국으로 이동해 방콕 시민들에게 큰 호응을 얻은 바 있다. 태국 태권도 대표팀 최용석 감독과 광저우 아시안게임 금메달 리스트 추차왈, 사리타 등 남녀 대표팀 선수들에게 비빔밥을 시식하는 행사를 가진 바 있고 태국내 인기 영화배우 능티다 소폰이 행사에 참여해 많은 태국 언론에 소개되기도 했다.

특히 태국행사부터는 비빔밥을 통한 '한식홍보' 뿐만이 아니라 한 끼의 식사가 절실한 세계인들에게 '식사나눔'을 전파하는 역할을 병행하기 시작해 더욱 눈길을 끌었다. 이 나눔행사에 참석한 '비빔 밥 유랑단' 단장인 서경덕 성신여대 객원 교수는 "세계를 돌며 비 비밥 홍보도 중요하지만 세계의 빈민가를 방문하여 나눔을 실천하는 것도 중요하다고 판단해 방콕 맹짜이 빈민가를 방문하여 첫 행사를 진행한 것이다. 유랑단 리더들은 4명이 200인분을 준비하는게 쉽지 가 않다고 하면서 비빔밥을 맛있게 먹는 맹짜이 아이들을 보면서 피 로는 사라지고 나눔을 통해 오히려 더 많은 걸 배우게 됐다"고 덧 붙인다. 중국, 태국에서의 행사가 성공적으로 치러질 수 있었던 건 한인회 및 재외동포들, 영사관의 도움이 있었기에 가능했다. 유랑단 원은 한인회 및 재외동포들이 좋은 일 한다며 차량 및 숙식까지 제 공해 줘 큰 도움이 됐다. 이후 방글라데시, 스페인 등지에서는 영사 관에서 후원까지 해줄 정도로 호응이 컸다. 이 '비빔밥 유랑단'의 전 세계홍보 프로젝트는 한식재단, CJ푸드빌의 '비비고(bibigo)'가 후원했으며 인도 캘커타를 비롯하여 전세계 일주를 홍보와 나눔 행 사로 진행해 큰 호응을 얻은바 있다.

-사례3 : 광화문 알뜰족을 잡기위한 CJ 통합 마케팅

비비고는 '고객을 위한 풍성한 혜택 릴레이'로 고물가 시대에 얇은 지갑으로도 식사와 쇼핑을 함께 알뜰하게 즐길 수 있게 이벤트를 기획하였다.

고객이 투썸플레이스, 비비고, 더플레이스 광화문점 한 곳에서 식사를 하고 음료를 즐긴 후 받은 영수증을 가지고 헬시&뷰티 스토어 올리브영 광화문점 또는 세종로점을 방문하면 1만원 이상 구매시 1,000원을 할인해준 것이다. 반대로 올리브영, 비비고, 더플레이스 영수증과 함께 투썸플레이스를 방문하면 디저트 구매 시 커피나 음료를 50% 할인받을 수 있게 하였다.

이와 같이 글로벌 비빔밥 브랜드 비비고도 올리브영, 투썸플레이스, 더플레이스 영수증을 가지고 방문하면 2인 이상 식사 시 타파스(식사 전 가볍게 즐길 수 있는 한 접시 요리)를 50% 할인해주며, 더프레이스 역시 올리브영, 투썸플레이스, 비비고 영수증을 가지고 가면 메인 메뉴(파스타, 피자, 샌드위치, 와플) 주문 시 탄산음료 1개를 무료로 제공함으로써 소비자의 높은 호응을 받았다.

⑦ 비비고, MAMA 공식협찬 후원 : CJ푸드빌의 '비비고'가 엠넷 아시안 뮤직어워드(MAMA) 공식협찬사로 선정돼 아시아 최고 엔터테이너들에게 한식을 맛보는 기회를 제공하기도 했다.

국내 최고 아티스트들은 물론 윌 아이엠 등 해외 뮤지션이 대거 참석한 대회에서 비비고는 비빔밥을 비롯해 잡채, 두부스테이크, 오미자 화채 등 음식을 제공해 한식의 맛과 멋을 세계에 알리는데 일조한 것이다.

라. 7P 분석

① Product, '세계인의 입맛을 사로잡을 우리 전통 비빔밥을 한국의 전통음식인 비빔밥을 국제적으로 홍보하기 위해, 맛과 메뉴를 선택과 집중에 의해 선별(예 : 비빔밥, 돌솥비빔밥), 추가 세트메뉴 및 부가메뉴 설정으로 다양한 입맛 충족을 위한 노력을 지속하고 있다.

② Price, '실속적인 한 끼 식사'를 위해 일반 메뉴 가격 7,500~ 9,000원대의 가격형성으로 한 끼 식사에 적정 비용으로서 물가 상승 대비 변동이 크지 않다. 그러나 일반 비빔밥 전문 음식점과의 차별성을 두지 않으면, 소비자들의 소비 욕구가 낮아질 것을 고려하여 가격 차별화 전략을 지속하고 있다.

③ Promotion, '다양한 촉진전략'으로 외국인 소비자들의 구전

홍보 효과 + 한류 효과를 활용한 한국 전통 음식 홍보 등 다양한
채널 확보를 통해 지속적인 홍보가 필요한데 초기 단계에서 어떤 이
미지를 심어주느냐가 관건이며, 맛과 이미지의 조화에 초점을 맞추
었다. 실제로 무한도전 비빔밥 광고, 비밥공연, 비빔밥 유랑단 등을
통하여 다양한 홍보 활동을 통해 그 효과가 입증된 바 있다.

④ Place, '세계적인 체인점'을 목표로 서울과 해외 매장(중국,
미국, 싱가포르) 확보로 세계화를 위한 기초 발판을 마련하였다.

⑤ People, '세계인의 입맛을 사로잡다'는 모든 연령층을 아우
르고 특히 한식 비빔밥의 균형된 영양식과 식물성 위주로 그 대상
또한 어린이에서부터 노인에 이르기까지 폭넓은 것 또한 장점이다.

⑥ Process, 일반적으로 매뉴얼화 되어 나오는 음식점과 달리 들
어가는 식재료부터 소스까지 소비자가 모두 선택하는 과정에서 다양
한 부류의 소비자층을 섭렵할 수 있는 것이 특징이다.

⑦ Physical Evidence, '한국의 오방색'을 상징적으로 보여주는
비빔밥에 얹어지는 토핑들의 색깔을 상징하는 컬러타일, 심플함과

모던함을 바탕으로 자연 친화적인 종이와 나무 사용으로 현재와 과거가 공존하는 느낌 묘사와 세계화한 한국 적 맛과 공간을 창조하였다.

마. STP 분석

① 시장세분화(Segmentation) : 연령, 성별, 인종 국가 등 모두가 선호하는 비빔밥으로 따로 세분화된 연령이나 성별, 인종과 국가 구별 없이 전체적으로 선호하고 있으며 라이프스타일에 있어서도 웰빙 선호층이 증가하면서 신선한 채소와 함께 어우러진 식사 선호와 바쁜 현대인의 기호에 맞춘 비빔밥의 패스트푸드화를 시도하였다.

② 목표대상(Targeting) : 웰빙선호층, 건강을 생각하면서 인스턴트 중심에서 웰빙을 선호하는 사람들을 타깃층으로 삼아 폭넓게 반영하였다.

③ 포지셔닝(Positioning) : 고객의 욕구에 부응한 메뉴의 품질을 유지하는데 중점을 두고 표준화와 일반화와 다양화에 비중을 두고 접근했다.

바. SWOT 분석

① 강점(Strength): 먼저 강점에 있어 계절에 따른 재료선택의 경우 도매업자와의 직거래를 통한 신선하고 저렴한 재료 공급과 비빔밥은 부담되지 않는 맛과 가격으로 아침이나 점심으로 간단히 해결할 수 있고 각종 채소와 나물 등으로 건강에도 좋다는 건강식이 장점으로 부각되고 있다. 특히 다양한 재료가 사용될 수 있는 메뉴의 선택과 다양한 양념의 선택을 통해 세계적인 체인점(중국, 미국, 싱가포르, 앞으로는 2020년까지 북미, 중국, 일본, 동남아, 유럽 등 전 세계에 오픈)을 개설하는데 역점을 두고 있다.

② 약점(Weakness): 공통약점으로 패스트푸드로서의 비빔밥의 재료를 다듬고 조리하는 데에 온갖 정성을 쏟지 않는다면 비빔밥의 깊은 맛이 제대로 나지 않는다. 그래서 패스트푸드로서의 비빔밥은 그 맛을 지니기 어렵다는 한계를 갖고 있다.

또한 해외시장에서의 약점으로 차려놓았을 때에는 보기에 좋지만 비비고 나면 호감도가 떨어질 수도 있다. 한식의 패스트푸드화를 추구하지만 햄버거와 비교했을 때 간편성이 너무 떨어진다. 특히 소스, 밥, 반찬, 국 등의 각기 포장이 어렵다는 점도 약점으로 들 수 있다.

③ 기회(Opportunity): 최근 비빔밥 시장이 크게 내국인이든 외국인이든 인기 있는 외식 식단으로 자리 잡고 있음이 기회로 작용하고 있으며 웰빙을 추구하는 사회적 분위기가 건강을 중시하는 경향이 강해짐에 따라 한식에 대한 국내외 관심이 증가하고 있는점과 한류열풍으로 인한 외국인 관광객등 유동인구가 많음에 따라 이 또한 기회로 작용하고 있다.

④ 위협(Threat): 남는 재료의 처리는 한식의 특성상 원자재비용이 많이 들어가는데 들어가는 원자재를 다 사용하여 판매하는 것이 사실상 불가능하기 때문에 그에 반한 남는 재료가 위협으로 되고 있다. 그리고 채소 값 등 재료의 값 폭등도 위협으로 작용하고 있으며 낯선 음식에 대한 거부감으로 한식을 좋아하는 사람과 모르는 것에 대한 거부감을 지닌 사람들로 아직까지 극명하게 나눠져 있기 때문이다.

사. 해외진출 현황

① 미국 : 미국 로스엔젤리스의 웨스트우드 빌리지. 캘리포니아 주립대(UCLA) 인근의 비빔밥 전문 레스토랑 '비비고(bibigo)'는 70개 좌석이 모자랄 정도로 성황이다. 하루 매출이 4,000달러가 넘는

다. 특히 2010년 9월 오픈한 이후, 비빔밥에 입맛을 붙인 현지인 고객들이 꾸준히 늘어 지금은 하루 방문객의 80% 이상이 현지인이다.

미국 UCLA 1호점은 팍스 극장(Fox Theater) 앞에 있는 아름다운 가로수 길, 그 길 끝에 자리하고 있다. 캘리포니아, 특히 남캘리포니아 미국인들이 지닌 외국 문물을 쉽게 잘 받아들이고 즐기는 성향에 맞게 어느 곳에 가도 중국, 일식 등 아시아 퓨전 음식점들을 쉽게 만날 수 있는 곳에 입점하고 있다. 최근에 미국 내 대형 프랜차이즈 레스토랑에서 한국 음식을 메뉴에 넣었다는 신문기사는 미국 기업들이 맛도 좋고 건강에 좋은 한식을 넣음으로서 매출을 늘릴 수 있기 때문이다.

현재 미국에 있는 비비고는 화려하지도 않고, 크기도 작지만 점심시간에 발을 들여 놓기가 어려울 정도로 사람들이 많이 찾아오고 있다.

메뉴보드는 처음 오는 미국인들도 쉽게 주문할 수 있도록 두 섹션으로 나누어 배치, 단품 메뉴 섹션과 비빔밥을 개인 취향에 맞게 주문할 수 있는 섹션으로 나뉘어져 있다. 흔히 미국인들이 이야기하는 한식 레스토랑의 문제점 중 하나가 식당에서 나오는 대로 먹어야 한다는 점이다. 까다로운 미국인들의 특이한 기질을 잘 파악한 메뉴보드인데, 샐러드 개념의 비빔밥, 차가운 비빔밥, 뜨거운 돌솥 비빔밥에 흰밥을 비롯한 4가지의 밥, 불고기, 두부, 닭고기, 마지막으로 4가지의 다양한 소스를 선택할 수 있으며, 총 144가지의 종류로 변할 수 있다. 따라서 어떤 까다로운 미국인의 입맛도 맞춰낼 수 있는 시스템이다.

채소들과 재료들은 현지에서 구할 수 있는 최상의 원자재를 이용하고 있고, 그들의 입맛에 익숙한 채소들을 사용하면서 우리 옷은 절대로 버리지 않는 현지화 전략을 하고 있다. 소스 역시 단순히 고추장 소스만 있다면, 매운 것을 싫어하는 미국인들에게 기피 음식이 되어 버리기에 미국인들과 세계인이 좋아 할 무난한 소스를 다양하게 준비한다.

또한 학생들과 바쁜 직장인을 위해 투고(테이크아웃)에도 많은 신경을 쓰고 있으며, LA 1호점을 시작으로 뉴욕의 2호점 오픈, 그리고 2013년부터 본격적인 프랜차이즈 작업을 진행해오고 있다.

특히 글로벌 최대 외식시장 중 하나인 미국 로스엔젤리스(이하 LA)의 웨스트우드 빌리지(Westwood Village; 이하 웨스트우드)에서의 출점은 전 세계에 비빔밥 돌풍을 일으키고 있다. 비비고 LA 매장이 입점한 이 지역은 오피스가 밀집해 있어 유명 글로벌 외식기업의 매장들이 입점해 있는 LA 지역 내의 핵심 상권 중 하나이다.

② 중국 : 중국인들의 입맛에 맞춰 돼지 불고기 토핑 추가, 막걸리 칵테일도 선보여 1분에 OK 웰빙 패스트푸드로 비빔밥의 인기가 폭발적인 중국에서, CJ푸드빌이 야심차게 추진하는 한식세계화가 2010년 8월에 중국 베이징에 비비고 매장을 열어 본격화하였다.

신개념의 한식 레스토랑 '비비고(bibigo)' 중국 베이징점은 서울 광화문에 글로벌 허브(Hub) 매장을 오픈한 이후 실제 해외에서는 첫 선을 보인 매장으로 본격적인 한식 세계화의 신호탄이 되었다. 가격은 32위안에서 38위안(5~6,000원 선)으로 책정되어 운영하고 있다.

CJ푸드빌은 "2020년까지 북미, 중국, 일본, 동남아, 유럽 등 전 세계에 매장을 열고 한식을 통한 한국문화 전파에 앞장서 국가브랜드 강화에도 기여하고 있다.

③ 싱가포르 : 글로벌 한식 브랜드 비비고, 베이징, LA이어 싱가포르 오픈하여 동남아시아에 첫 진출한 더운 아열대 기후, 싱가포르인 특유의 입맛에 맞게 중국 매장에서의 경험을 고려해 현지화한 메뉴를 선보였다.

싱가포르점을 시작으로 2020년까지 동남아시아 400개 매장(전 세계 1,000개 매장)을 개설할 목적으로 영업중이다.

III

한식전문점 우수 브랜드 성공사례

1. 전통 한식 명가, K-Food

1) '맛'과 '멋'이 있는 성북동 명가 〈성북동면옥집〉

고풍스런 멋이 매력인 '성북동면옥집'은 지기가 강해서 제대로 쓰이지 못했던 땅을 〈성북동면옥집〉의 대표는 좀 더 다른 시각으로 눈여겨봤다. 차량 통행이 많을뿐더러 풍수지리적으로 좋은 자리라는 것을 알아보고, 〈성북동면옥집〉을 오픈하게 된 것이다. 대표는 성북동이라는 상권이 갖고 있는 고급스러움과 음식점 특유의 서민적인 이미지를 중화시켜 너무 토속적이지는 않되 가볍지 않은 면옥집을 탄생시켰다.

분위기는 당연히 인테리어에 좌우된다. 면옥집이기에 우리 한국의 멋이 깃든 한옥을 택했고 너무 가볍지는 않되 고급스러운 느낌을 살리기 위해 목재는 부드러운 톤의 황토색 원목을 택했다. 또 곳곳에 걸려 있는 액자 속에는 〈성북동면옥집〉의 맛깔스러운 메뉴들이 곱게 담겨있다. 문을 열고 매장을 들어가는 순간 정면으로 보이는 넓은 창 또한 매장을 좀 더 넓고 탁 트인 공간으로 보일 수 있게 하는 효과를 준다.

〈성북동면옥집〉은 종로와 광화문에서 오는 직장인들과 가족 단위 고객, 동네 주민 등 다양한 부류의 고객층이 방문한다. 특히 여성 고객이 많아, 여성이 좋아할만한 인테리어를 기획하는 센스도 잊지 않았다. 전반적인 인테리어를 기획하는 센스도 잊지 않았다 전반적인 인테리어는 편안하고 부드러운 한옥 분위기지만 여성 고객을 위해 화장실은 화려하고 아기자기한 멋을 더했다. 화장실 인테리어는 약간의 반전이 더해져 여성들이 화장실 용도로만이 아닌 기분전환용으로도 쓸 수 있게 세심한 배려를 아끼지 않았다.

전통과 스토리가 담긴 골동품으로 장식한 〈성북동면옥집〉의 전반적인 매장 분위기는 누구나 한번쯤 가봄직한 편안한 인테리어로, 편히 음식을 먹고 대화할 수 있는 공간으로 연출했다. 하지만 곳곳에 놓여 있는 골동품 속에는 냉면 집만의 전통과 스토리가 담겨있다. 이것이 〈성북동면옥집〉 인테리어의 포인트기도 하고 쏠쏠한 재미도 가져준다.

처음에 〈성북동면옥집〉을 지을 때 박물관 느낌이 들기를 바랬다고 한다. 일반 면옥집과는 좀 더 다른 느낌을 주고 싶었기 때문이다. 특히 전통 냉면집이다 보니 냉면의 전통을 살리고 싶은 마음도 커서 골동품 가게를 돌아다니며 스토리가 될 만한 물건을 찾아다니기도 했다. 박물관 느낌이라기에는 미비할 수 있지만 골동품을 통해 국수에 대한 전통과 스토리를 만들기 위한 정성을 많이 들인 것이다.

매장에 들어오자마자 눈에 띄는 풍구와 제분기는 이곳의 멋을 더해 준다. 타작한 곡물에 섞여 있는 쭉정이나 검불, 먼지 등을 날려 보내는 기구인 풍구와 곡류를 분쇄하여 곡류 분말을 제조하는 기계인 제분기는 밀가루를 생산하는데 중요한 역할을 하는 조력자들이다. 또 1, 2층 곳곳에 비치해 둔 국수틀은 국수를 눌러 빼는 틀로 국수를 만들 때 반드시 필요한 도구다. 지금은 시간이 흘러 더 사용하기 편한 기계로 재구성됐지만 이러한 골동품은 우리네 역사와 전통이 담겨 있는 귀한 물건임에는 틀림없다. 골동품 가게를 돌아다니며 국수의 전통을 살리려는 정성이 〈성북동면옥집〉 곳곳에 담겨 잇어 이곳을 방문한 고객들은 옛 정의 정취와 온기를 느낄 수 있어 더욱 한식 고유의 맛과 멋을 느낄 수 있다.

여유를 찾는 이들에게 '힐링'을 제공하는 성북동 언저리에 위치한 〈성북동면옥집〉의 외관은 주변의 풍광과 잘 어울러 진다. 전체적인 블랙톤의 벽면과 따뜻한 느낌이 드는 원목의 조화 그리고 〈성북동면옥집〉이라는 고풍스러운 간판이 한데 어울려 〈성북동면옥집〉만의 차별화된 느낌을 잘 살려냈다. 또한 그릇과 수저도 놋 재질을 사용해 가볍지 않은 중량감을 고객들에게 전달해 좀 더 고급스러운 면옥집의 멋스러움을 담아냈다.

〈성북동면옥집〉의 메뉴는 회냉면, 물냉면, 비빔냉면과 오색만두,

모듬전, 사골만두국, 수육 등의 메뉴로 고객의 입맛을 충족시키고 있으며 특히 왕갈비찜은 〈성북동면옥집〉 매출을 올리는데 1등 공신이 될 만큼 고객들이 좋아하는 메뉴다. 〈성북동면옥집〉 대표는 차별화된 냉면집을 만들기 위해 냉면 박물관을 세우겠다는 꿈을 품고 있다. 이를 위해 다양한 물건들도 계속 수집 중이다.

성북동 길을 따라 올라간 곳곳에 한창 봄을 알리느라 흐드러지게 핀 꽃들이 우리를 반긴다. 그리고 그 능선 길가에 허기를 달래줄 우리네 옛 정취를 느끼게 해줄 편안한 고향집 같은 〈성북동면옥집〉이 있다. 햇빛 따스한 봄 공기 가득한 어느 날, 그 곳에서 맛깔스런 음식과 정다운 한옥의 정취를 느끼며 지친 몸과 마음을 힐링 할 수 있는 여유를 갖는 것도 소소한 기쁨이 될 것이다.

주소는 서울특별시 성북구 성북동 330-105(02-765-3450), 영업시간은 AM 11:00~ PM 10:00 이며, 주요메뉴는 물냉면(9,000원), 오색만두(8,000원), 왕갈비탕(12,000원)이다.

2) 천천히 그리고 오래 가는 뚝배기처럼 〈소공동 뚝배기집〉

오래 끓여야 하지만 일단 끓으면 쉽게 식지 않는 뚝배기, 어떤 음식이라 뚝배기에 넣으면 한식 분위기가 날 만큼 대표적인 한식 아이템이기도 하다. 1962년부터 시작된 〈소공동 뚝배기집〉은 해가 갈수록 더 많은 사람이 오고 더 멀리 있는 사람들과 함께하고 있다.

1962년부터 시작된 브랜드의 역사를 갖고 있는 지역 이름을 딴 브랜드는 오랜 역사를 가진 경우가 많은데, 〈소공동 뚝배기집〉 역시 마찬가지다. 소공동에서 오랫동안 매장을 운영했고 대표 메뉴가 뚝배기였기 때문에 사업자 등록을 하면서 바로 지은 상호라는 재미있는 에피소드를 가지고 있다. 하지만 프랜차이즈 시스템 없이 전수창업이라는 이름으로 지점을 오픈했기 때문에 아쉬운 점도 많았다.

1대 회장이 전수창업을 해서 매장을 80개 정도 오픈했다. 그런데 그 사람들 중 일부가, 각자 원조라고 하면서 다른 브랜드를 만들었다. 이런 부분이 매우 안타까웠기 때문에 제대로 된 회사를 설립했고, 지금은 〈소공동 뚝배기집〉이라는 상호로 프랜차이즈 가맹점을 모집하고 현재 30여개의 매장을 관리하고 있다.

개성있고 맛있는 메뉴에 자신이 있기 때문에 〈소공동 뚝배기집〉은 해외 진출도 활발하게 하고 있다. 현지 전 세계에 20여개의 매장을 운영하고 있으며, 일본과 중국 등에 출점하고 있다. 또한 베트남과 미국에도 법인을 설립하였다. 좀 더 효율적인 운영을 위해 국내와 해외를 분리시켜 운영하고 있기 때문에 국내와 해외에 관계없이 모두 열정적으로 매장을 관리하고 있어 역시 본사의 건실함을 알 수 있게 한다.

홀은 기본, 배달은 플러스 알파를 추구하는 〈소공동 뚝배기집〉은 현재 배달 시스템을 구축하기 위한 준비가 한창이다. 홀에서도 적지 않은 수익을 얻을 수 있지만 그것으로는 부족하다고 생각하기 때문이다. 한식, 특히 뚝배기가 배달이 될 거라고는 생각하지 않는다. 하지만 강남 상권의 경우 매장의 배달 수익이 상당히 높다. 그래서 지금의 매장을 바탕으로 제대로 된 배달 시스템을 구축한 것이다. 본사에서 콜까지 제대로 관리하면서 점주와 본사 모두 윈-윈 할 수 있도록 한 것이다. 하지만 배달은 부가적인 것일 뿐 절대 메인이 아니라는 것도 잊으면 안 된다. 홀이 제대로 되어 있지 않으면 배달도 잘 될 수 없기 때문이다.

〈소공동 뚝배기집〉의 특징 중 하나는 기존의 인테리어를 사용해도 무방하다는 점이다. 실제로 노원점의 경우, 그릇과 일부 액자 등을 제외하고 바꾼 것이 없을 정도다. 본사는 점주들을 도와드린다는 입장을 갖고 있어야 한다. 그래서 오픈 수익을 얻으려고 하지 않는다. 인테리어가 되어 있는 매장에서 업종 전환을 원하는 경우, 가맹비, 교육비, 가맹이행보증금을 제외하면 더 이상 추가 비용이 들지 않는다. 새로 인테리어를 하는 경우에도 인테리어, 주방 등 알아서 해도 된다. 투자비용을 최소화해야 빠른 시일 내에 더 높은 수익을 얻을 수 있기 때문이다.

'뚝배기' 라는 단어는 올드한 느낌을 줄 수 있지만, 순두부와 직화 구이를 메인 반찬으로해 누구나 즐길 수 있다는 점에서 밥과 반찬 같은 평범하면서도 편안함이 느껴진다. 〈소공동 뚝배기집〉은 메뉴뿐만 아니라 점주에게도 고객에게도 늘 한결같은 맛과 서비스를 제공하면서 국내외의 모든 창업자들과 고객들에게 한식의 맛을 더욱 널리 알려 나가고 있다.

이곳의 성공 포인트는 고객과 점주 모두 믿을 수 있는 오래된 브랜드와 유행을 타지 않기 때문에 한결같은 매출 가능 및 가맹비, 교육비, 가맹이행보증금 외 추가비용이 없는 것이다.

주소는 서울시 서대문구 성산로 519 대신빌딩 5층이며, (02)-702-1662 이다.

3) 이북에서 내려온 K푸드 〈북촌손만두〉

북촌의 명물, 북촌의 맛집으로 소문이 자자한 〈북촌손만두〉가 프랜차이즈로 대중들에게 다가왔다.

한국 전통의 만두 전문점을 추구하는 인사동이나 북촌한옥마을을 가면 한번쯤 먹어봤을 듯한 〈북촌손만두〉는 ㈜북촌친구들 대표가 생계형으로 창업한 개인독립 점포였다. 처음 오픈 당시에는 지금처럼 인기가 많지 않았다. 하지만 시간이 지나면서 북촌 맛집으로 소문이 나고 가맹문의가 이어졌다. 하지만 프랜차이즈화 시킬 계획이 없었던 대표는 전수창업을 통해 상호를 빌려주면서 개인이 각자 알아서 운영하도록 했는데 그러자 다른 매장에서 식재료, 위생 등의 문제가 발생하면서 본점도 위기에 처하게 되자 본부장을 중심으로 프랜차이즈 사업을 본격 가동하게 된 것이다.

내 가족이 먹는다는 생각으로 〈북촌손만두〉는 생계형으로 시작한 만큼 내 가족을 위한다는 생각으로, 가족이 먹어도 안전하다는 생각으로 만두를 만든다. 이는 우연한 기회로 제조공장을 방문하게 됐을 때 너무 비위생적인 모습에 음식을 먹고 싶다는 생각이 사라졌기 때문이다. 이를 계기로 〈북촌손만두〉는 철저한 위생과 무차별적인 점포개발을 막아 상생의 길을 걷고 있다. 여타 프랜차이즈와는 달리 마케팅·프로모션을 적극적으로 진행하지는 않지만 수익률은 나쁘지 않아 외형보다는 내실을 강조한다.

현 주소는 서울시 종로구 율곡로1길 42(사간동 16번지 2층)에 위치하고 (홈페이지: www.mandoo.so) 전화는 1588-0937 이다.

4) 전 세계로 뻗어나가는 웰빙 한식 〈본죽〉

2002년 대학로의 작은 가게로 시작한 〈본죽〉은 죽이 일상식이 될 수 있다는 획기적인 전환을 가져왔다. 이후 수많은 유사 브랜드들이 생겼지만, 고객 취향을 적극적으로 반영해 다양한 메뉴를 선보이는 〈본죽〉을 따라갈 수는 없었다. 소비자들에게도 높은 인기를 얻으면서 1년 만에 100개, 5년 만에 500개 가맹점을 오픈할 수 있었다. 현재 1,200여 개에 달하는 〈본죽〉은 이제 죽 외에도 다양한 외식사업으로 그 역량을 펼치고 있다.

환자식에서 웰빙 외식 아이템으로 전환한 〈본죽〉은 웰빙 한식의 대표 메뉴로 죽이 좋은 아이템이라고 생각했다. 당시 정말 좋은 아이템이라고 생각했지만 매장을 오픈하던 당시만 해도 죽은 환자식이나 별식에 불과했기 때문에 시장성이 없다는 것이 주위의 의견이었다. 고객의 입맛을 사로잡기 위해서는 죽에 대한 기존 인식을 바꾸는 것은 물론, 전통죽과 다양한 재료를 가미한 현대식 죽까지 다양한 레시피와 메뉴 개발은 필수였다.

〈본죽〉이 지금까지 16년동안 한결같은 인기를 얻을 수 있었던 첫번째 비결은 바로 철저한 시장 분석에 있었다. 이를 바탕으로 〈본죽〉은 건강한 제철 식재료를 활용한 현대적인 메뉴를 선보이게 됐다. 해마다 맛있으면서도 개성있는 메뉴를 출시했는데 2017년에 한정 계절 메뉴로 '바다에 뿌리 내린 봄, 냉이바지락죽'을 선보인다. 봄나물 냉이와 바지락의 맛이 어우러져 소비자들의 호기심을 자극하여 큰 인기를 끌었다.

세계에 진출하는 정통 한식 브랜드인〈본죽〉은 국내에서 습득한 노하우를 바탕으로 그동안 미국, 일본, 중국, 베트남 등 해외시장을 활발히 공략해 왔다. 그리고 2017년부터는 더욱 본격적으로 해외 진출에 박차를 가하고 있다. 우리나라뿐만 아니라 전 세계적으로 건강식에 대한 관심이 높아지고 있다.

이 같은 〈본죽〉의 롱런비결을 종합해보면 모두에게 사랑받는 건강식으로 기존의 이미지를 바꾸어 자연의 영양을 그대로 전하는 것은 건강식 죽으로의 이미지를 쌓아왔다. 끊임없이 신 메뉴를 연구하고 개발하면서 맛있고 다양한 죽으로 남녀노소에게 사랑받을 수 있었다.

철저한 가맹점 관리로 〈본죽〉은 그냥 음식이 아닌 건강 음식, 그렇기 때문에 더 믿을 수 있게 만들어야 한다는 것이 본사의 철칙이다. 메뉴 조리부터 친절한 서비스까지 꾸준한 교육과 관리는 프랜차이즈 브랜드의 필수조건이며, 홈페이지는 www.bonjuk.co.kr, 전화는 070-4941-4282 이다.

5) 톡쏘는 사이다처럼 시원한 김치와 엄마표 반찬 〈신안촌〉

故김대중 대통령의 단골집이자 배우 손병호의 맛집등으로 유명한 광화문에서 30년 넘게 전라남도 향토음식을 선보이는 곳이 〈신안촌〉이다. 낙지요리와 홍어삼합, 매생이탕으로 유명하지만 이곳 단골들은 톡 쏘는 사이다처럼 시원한 김치맛과 감칠맛 나는 찬만으로도 밥 한 그릇은 뚝딱 비울 정도다.

〈신안촌〉은 가정집을 개조해 업장으로 사용하고 있어 마치 고향집, 친정집처럼 푸근한 분위기다. 세련되거나 멋을 내지 않았지만 항상 찾아오는 고객들이 또 다시 발걸음을 하는 이유는 아무나 흉내 낼 수 없는 깊은 맛에 있다. 〈신안촌〉은 특히 낙지와 홍어가 맛있는 곳으로 유명해 미식가들의 발길을 이끌고 있다. 식사 메뉴로는 연포탕이 인기다. 청양고추로 칼칼한 맛을 낸 맑은 국물에 낙지와 호박, 양파 등이 들어가 있어 숙취해소를 위한 해장국으로도 제격이다. 부드럽게 흘러내리는 매생이탕도 강추다. 맛이 좋은 식재료가 밑바탕이 되어야 하기 때문에 고춧가루, 마늘 등 기본 양념류는 물론 배추, 젓갈, 해산물 등은 가장 비싸고 좋은 것만 골라 사용한다. 음식은 간이 짜지 않도록 맞추는 것을 가장 중요시하며 이를 위해 반드시 간수를 뺀 신안 천일염을 볶아서 사용하고 있다. 좋은 재료로 담근 김치와 튀긴 토란 무침, 구수한 가지구이, 아삭아삭한 도라지나물, 1년 묵힌 깻잎 등 밑반찬으로도 밥 한그릇은 게눈 감추듯 뚝딱 비운다.

〈신안촌〉의 밑반찬을 가장 기본으로 삼는데 첫째, 가을낙엽 깻잎으로 깻잎은 생으로도, 묵혀서도, 쪄서도 사용할 수 있지만 중장년층들은 삭힌 깻잎을 좋아한다. 그래서 1년을 묵혀서 사용하는데 뒤가 비칠 만큼 얄팍해져서 부드럽고 맛도 깊다.

특히 가을낙엽 깻잎은 깻잎을 소금물에 3~4일 담궈 아린 맛을 뺀 후 다시 간간하게 옆은 소금물에 뜨지 않게 잘 눌러서 저온 보관해 두었다가 1년 정도 묵혀서 사용한다. 깻잎에 양념을 할 때는 무거운 것으로 눌러 물기를 제거하고 겹겹이 양념장을 넣는다. 양념장은 진간장, 물엿, 고춧가루, 마늘, 깨소금, 참기름 등 갖은 양념에 멸치액젓으로 간을 맞추는 것이 포인트다.

둘째, 가지구이로 가지는 흔한 식재료이지만 어떻게 요리하느냐에 따라 다양한 맛을 낼 수 있다. 그래서 가지를 통째로 구워서 양념장을 곁들여야 더 맛있다.

가지는 위아래 사선으로 폭 0.8cm 두께의 칼집을 넣은 뒤 프라이팬에 기름을 두르고 굴려가며 골고루 굽는다. 상에 낼때는 통째로 접시에 담아 양념장을 올려 낸다. 양녀망은 간장, 고춧가루, 물엿,

마늘, 참기름, 참깨 등 기본 재료에 잘게 다진 양파와 파를 되직할 정도로 듬뿍 넣는 것이 포인트다. 양파와 파를 많이 넣으면 간장의 짠맛을 중화시켜 칼집 사이사이로 양념이 많이 들어가도 짜지 않고 맛있다.

셋째, 토란 튀김으로 갓 튀긴 토란을 소스에 슬쩍 버무려 내면 고객들이 정말 좋아한다. 사실 손이 많이 가서 번거롭기는 한데 손님이 맛있게 드시는 모습을 보면 행복하다고 한다.

토란은 껍질을 벗겨 끓는 물에 한 번 익힌 후 찬물에 헹궈 미끌거리는 뮤타를 제거한 다음 감자전분을 묻혀서 튀긴다. 소스는 물엿에 굴소스를 조금 넣고 채 썬 생강을 넣어 향을 낸다. 여기에 참기름을 추가해 고소한 맛을 더하면 완성되는데 이때 청홍고추를 채썰어 올려 색감을 더하며 맛을 더 높여준다.

2. 화끈함으로 속을 뻥 뚫어주는 얼큰한 국물 맛

1) 4개의 한식 메뉴로 승부하는 〈명동찌개마을〉

한식이 아무리 보편적이라고는 해도 메뉴에 따라 호불호가 갈리는 경우가 많다. 그러나 〈명동찌개마을〉의 찌개 메뉴는 대부분 좋아하는데다가 식사는 물론 간단한 술안주로도 좋기 때문에 남녀노소 모두에게 사랑을 받고 있다. 주 메뉴는 양푼 생돼지 김치찌개, 양푼 동태탕 등이다. 각종 사리를 비롯해 계란말이, 생선구이 등 반찬으로 먹을 수 있는 메뉴들이 있기 때문에 대체적으로 매출이 매우 높다. 거의 매일 먹어도 늘 맛있게 먹고 메뉴에 대한 자부심이 높다.

〈명동찌개마을〉의 네이밍은 다소 특이하다. 오랫동안 서울 최고의 지역으로 인정받고 있는 명동처럼, 제일 잘 나가는 브랜드가 되고 싶어서 〈명동찌개마을〉로 명명한 것이다. 이름 때문만은 아니겠지만 실제로 광고를 거의 하지 않음에도 불구하고 우수한 맛과 넉넉한 양으로 인해 매장 수 외 고객 수는 꾸준히 늘어나고 있다.

한식은 만들기 까다롭다는 단점이 있지만, ㈜정다원에서 운영하는 〈명동찌개마을〉의 모든 메뉴는 매뉴얼화 돼 있기 때문에 어렵지 않게 메뉴를 만들 수 있다. 하지만 다른 프랜차이즈 브랜드와 달리 인스턴트화 돼 있는 것이 아닌 가정식 조리법을 기본으로 하고 있다. 본사에서는 원재료를 조리하는 방법을 알려준다. 그냥 넣고 끓이기만 하면 되는 것이 아니기 때문에 일이 많은 편이지만, 맛이 다르기 때문에 오래 갈 수 있다.

쉽게 배울 수 있는 레시피 그리고 주차장까지 완비된 교육 매장이 일층에 있기 때문에 실기 위주로 3~5일 정도 교육을 받으면 창업에 무리가 없을 정도다. 특히 교육 매장은 인근에서 손님이 많기로 유명한 곳이라 고객과 직접 면대하며 일을 배울 수 있다. 점주들의 연령대가 내려가면서 〈명동찌개마을〉의 점주도 20대 후반부터 40~50대까지 매우 다양하다. 연령대는 다양하지만 소자본 매장을 오픈하고 싶어하는 사람들이 대부분이다. 그래서 오픈과 동시에 높은 매출을 올릴 수 있도록 최선을 다해서 함께하고 있다. 본사 직원을 투입해서 일주일 정도 함께 하는 것은 기본이다. 임직원들 모두 함께하고 있음은 물론이다. 매장이 자리를 잡은 후에도 월 2회 이상 매장 운영, 청결, 맛 등을 체크하면서 일정 수준 이상을 유지할 수 있도록 하고 있다.

점주들을 위한 본사의 노력은 이것뿐만이 아니다. 점주들에게 부담을 주지 않기 위해서 매출에 대한 인센티브는 전혀 없다. 심지어 매출 부족이나 개인 사정 등을 이유로 가맹을 해약하게 되더라도 위약금이 전혀 없다. 가족처럼 함께하는 본사가 되고 싶기 때문에 이 정도는 당연하다고 생각한다.

〈명동찌개마을〉에서 가장 신경 쓰는 것 중 하나는 인테리어다. 인테리어에 신경을 많이 쓰는 이유는 좋은 자재나 분위기를 위한 것이 아니라 점주들한테 부담을 많이 주지 않도록 신경을 쓴다는 것이 다른 본사와의 큰 차이점이다. 부담을 줄이기 위해 가능하면 기존에 있는 것들을 회대한 활용할 수 있도록 한다. 창업자 입장에서는 금전적으로 부담을 적게 주는 것이 가장 좋은 인테리어다.

〈명동찌개마을〉의 목표는 100호점을 오픈하는 것이다. 현재의 메뉴를 충실하게 운영하면서 더 좋은 맛을 낸다면 어렵지 않은 것으로 생각한다. 이미 많은 점주들에게 인정받았다는 자부심도 한 몫을 한다. 이를 위해 앞으로도 회사 마진은 최소화하고 가맹점주의 이익을 최대화하면서 각각의 매장들이 오래오래 운영될 수 있기를 기대한다.

이곳의 성공 Point는 한국인이라면 누구나 좋아하는 얼큰한 찌개와 부담 없이 찾을 수 있는 저렴한 가격에 양이 많은 사람도 마음껏 먹을 수 있는 푸짐한 양을 들 수 있다. 현 주소는 경기도 고양시 일산동구 일산로 67 명성프라자 501호, (02) 1600-4644 이다.

2) 부드러운 카리스마의 〈강남동태찜〉

㈜해피푸드에서 운영하는 〈김영희강남동태찜〉은 저지방, 저칼로리, 고 아미노산, 저콜레스테롤 식품인 동태를 통해 전통의 맛과 향, 영양의 3요소를 갖춘 대중적인 메뉴를 선보이고 있다. 〈김영희강남

동태찜〉은 지난 1990년 5월, 경기도 양평에서 〈김영희강남동태찜〉으로 매장을 오픈한 이래 현재 130여개의 가맹점을 보유한 프랜차이즈 업체로서 전국민들의 속을 달래주고 있다.

〈김영희강남동태찜〉의 대표는 원래 액자공장을 운영했다. 1980년만 해도 액자에 대한 수요가 많아 사업적으로 전망이 나쁘지 않았지만 예기치 않은 화재로 인해 자산을 손실했다. 이후 액자공장을 재건하려는 움직임 속에서 많은 빚을 지게 된 대표는 과거에 동태를 자반처럼 만들어 5일장에 내다 팔았던 경험에서 희망의 빛을 발견한 것이다.

사업에 실패한 뒤, 한동안 작은 식당을 했지만 하루하루 먹고는 살겠지만 잔뜩 진 빚을 갚는다는 것은 엄두도 낼 수 없었다. 그래서 하려면 제대로 해보자는 생각에 메뉴를 개발하기 시작했다. 아구찜처럼 동태찜도 화끈하게 만들면 괜찮겠다 싶어서 반년만에 걸쳐 메뉴를 개발했다. 그 과정에서 단골손님들에게 시식을 시켜보고, 다양한 재료를 교대로 넣어가면서 최고의 맛을 찾기 위해 노력한 것이다. 마침내 메뉴가 개발됐을 때 식당 앞에 '동태찜 개시'라고 플래카드를 걸었는데 한 마디로 대박 상품이 되었던 것이다.

그 당시 메뉴를 개발하는 과정이 너무나 힘들어 '눈물의 동태찜'이었음을 고백한다. 자신이 원하는 메뉴가 만들어지기까지 시행

착오가 많았고 그만큼 노력해야 가능한 것이다 메뉴가 개시된 뒤로 매장에 들어서는 손님들마다 "동태찜이 뭐예요?"라고 묻는 상황이 벌어졌지만, 그 맛에 매료돼 동태찜 홍보를 고객들이 직접 해줬다. 새로운 메뉴 덕분에 매장 여업이 잘 돼 부채도 갚고 이름도 알려지니까 여기저기서 창업을 원하는 사람들이 찾아와 기술 전수를 요구하는 등 가치를 드높이기 시작한 것이다.

현재 〈김영희강남동태찜〉은 동태찜 요리에 해물찜, 생선찜 요리의 메뉴 추가로 대중화, 보편화의 바람을 타고 전국적인 인기를 얻고 있다. 이에 따라 맛과 품질의 통일화, 표준화 및 조리의 편의성을 체계적으로 관리해나갈 필요성이 제기되면서 지난 2004년에 외식프랜차이즈 기업인 ㈜해피푸드를 설립해 본격적으로 프랜차이즈 사업을 추진하게 됐다. 2000년대에 들어서면서 유사 동태찜 영업점이 우후죽순 생겨나서 동태찜 소스의 차별화, 전문화, 표준화의 필요성을 중요하게 대두됐기 때문에 기존의 재래식 소스를 기반으로 생선요리용 소스에 대한 연구개발에 착수했다. 또한 찜소스와 탕육수 제조 공정을 자동화해 맛과 영향을 한층 더 업그레이드한 제품을 생산하고 공급했으며, 지난 2007년 6월 특허청에 생선요리용 분말 소스 및 그 제조 방법에 대한 발명특허를 출원해 2009년 5월 22일 발명 특허를 획득했다. 이러한 노력을 인정받아 2009년 한국프랜차이즈

'연구 개발부문' 대상을 수상하기도 했다.

〈김영희강남동태찜〉은 2008년부터 현대적인 물류시스템을 갖추고 전국 가맹점에 신선하고 품질이 우수한 식재료를 신속하고 저렴하게 공급하고 있다. 이를 통해 최상의 메뉴 조리와 가맹점의 효과적인 생산 코스트 관리기반을 다지게 된 것이다. 가맹점 오픈과 동시에 담당 슈퍼바이저를 지정해 매출, 운영, 영업 등에 대한 책임관리 시스템을 구축해서 주 단위, 월 단위, 분기 단위 방문지도 및 정보제공, 판매 메뉴 품질관리 등을 통해 전반적이며 지속적인 관리를 하고 있다.

㈜해피푸드를 부드럽고 효율적인 조직으로 이끌어 가기위해 권위를 내세우고 서로에 대한 질책을 앞세워 나가기보다는 원활한 소통과 발 빠른 의사소통, 친한 동료애를 느낄 수 있는 조직으로 자리매김한 것이다. 부드러운 리더십을 갖춘 대표의 역량 속에 〈김영희강남동태찜〉의 상승세가 지속되고 있다 현재 〈김영희강남동태찜〉이 권장하는 창업포인트는 첫째, 자신이 잘 아는 분야를 선택할 것을 권장하고, 이곳 대표가 원래 요리하는 것을 즐겼다고 한다. 새로운 사업에 도전하고자 했을 때 자신있는 요리 분야, 잘 알고 있던 '동태'를 소재로 찾은 것은 신의 한 수였음을 고백하듯이 점주들 자신이 잘할 수 있는 소질과 전문성의 결합을 중시한다.

둘째, 사람을 아끼고 사랑해야 동반 성장이 가능함을 강조한다. 즉 대표는 섬세한 감성으로 직원들 및 가맹점주들을 대하기 때문에 대인관계에 있어 항상 신실함을 유지하고 있다. 그러한 사람에 대한 애정으로 인해 기업도 신뢰를 얻는 것은 당연하기 때문이다.

현 주소는 경기도 하남시 서하남로 451번길 93-12 이며, 홈페이지: http://www.e-happyfood.com , 전화는 (02) 412-3375 이다.

3) 진짜 맛있게 매운 철판 〈열혈쭈꾸미〉

입맛 없는 봄철, 원기를 회복해 줄 쭈꾸미의 계절이다. 3~4월 산란기인 주꾸미는 알이 꽉 들어찬 것이 특히 맛이 좋아 제철 음식으로도 제격이다. 주꾸미가 제철을 만났듯 〈열혈쭈꾸미〉도 창업자들에게 실속창업으로 구미를 잔뜩 당길 모양새다.

대성갈비, 부영갈비, 수원갈비, 늘봄갈비 등, 7개의 갈빗집들이 모여 있는 이곳은 직장인들의 퇴근시간인 6시만 넘으면 남녀노소 미식가들의 발길이 이어져 자리 잡기가 힘들 정도로 문전성시를 이루고 있다. 이곳에 겁도 없이 뛰어든 주꾸미 전문점이 있어 눈길을 끈다. 지난 2015년 5월 문을 연 〈열혈쭈꾸미〉는 서울숲 맛집으로 떠오르면서 갈빗집들과 나란히 유명세를 타고 있으며 그 여세를 몰아 201

6년에 프랜차이즈 사업에도 본격 나섰다.

〈열혈쭈꾸미〉는 천호동 쭈꾸미 맛집으로 유명한 〈독도쭈꾸미〉를 운영하던 사장과 공동으로 사업을 시작하여 기존 〈독도쭈꾸미〉의 맛과 서비스, 분위기 등을 새롭게 재편해 만든 신규 브랜드다. 〈열혈쭈꾸미〉는 캡사이신Zero, 국내산 최고급 고춧가루로 맛을 낸 대한민국 누구나 좋아하는 매운 맛으로 인기를 불러 모은다. '대한민국 No.1 철판쭈꾸미'를 표방하는 서울숲 본점 〈열혈쭈꾸미〉는 22㎡(6.5평) 5개의 테이블에서 하루 103여만원의 매출을 올리며 실속 창업을 돕고 있다.

㈜윈미디어 대표가 직접 관연한 〈열혈쭈꾸미〉는 그가 디자인한 '파파쭈', '베베쭈' 캐릭터를 매장 곳곳에 적용해 고객들에게 친밀감을 더한다. 이를 위해 비교적 임대료가 낮은 성수동 휘진 골목에 〈열혈쭈꾸미〉를 오픈하고, 소스 개발을 통해 이를 계량화, 정량화해 물류시스템을 구축, 프랜차이즈 사업을 위한 준비를 다져나갔다.

㈜윈미디어는 쭈꾸미는 서민들에게 오랫동안 사랑받아온 음식으로 맛과 그 효능이 대중적이면서도 트렌드를 타지 않아 프랜차이즈 사업에 적합한 아이템이다.

또 가맹점주의 창업 문턱을 낮춰주기 위해 2,000만원 이상의 무이자 자금 지원을 하고 있으며, 주로 권리금이 없고 임대료가 낮은 골목상권을 중심으로 5,000만원 미만의 창업을 기대하고 있다.

㈜윈미디어는 본사가 신뢰와 도덕성을 지키고 사업을 펴나가면 돈은 자연스럽게 벌 수 있다고 생각한다. 본사와 가맹점이 상생할 수 있는 브랜드를 만들고 지켜나가도록 주력할 것을 강조한다.

현 주소는 서울시 광진구 광나루로 56길 85, 강변테크노마트 11층이며, 점포는 서울시 성동구 서울숲 6길 22-1(성수동 1가)이며, (홈페이지: www.yulzuu.modoo.at) 전화는 1899-4815 이다.

3. 허한 몸을 다스리는 영양 만점 보양식

1) 보양식의 대명사, 장어 전문점

여름철 하면 생각나는 보양식이 무엇일까? 소셜커머스가 남녀회원 1000명을 대상으로 설문조사를 한 결과, 소비자가 선호하는 보양식 1위는 삼계탕(51%), 2위는 장어(22%)가 차지했다. 지난 2016년에 비해 삼계탕의 선호도는 16%감소, 장어 선호도는 11% 증가한 수치다. 삼계탕에 밀리기는 하지만 장어 역시 보양식을 선호하는 소비자 공략을 위한 아이템이다.

장어는 우리나라보다 일본에서 더 인기다. 일본은 장어의 최대 소비국가다. 한국 사람들이 복날 삼계탕이나 보신탕을 먹는 것처럼 일본사람은 복날에 해당하는 '도요'에 장어를 먹는다. 생선을 좋아하는 일본 사람에게는 장어는 최고의 보양식인 셈이다. 한국의 장어요리가 대부분 구이인 반면, 일본에서는 회, 찜, 튀김, 탕 등 다양한 방식으로 즐긴다.

장어 전문점은 느끼한 맛을 제거하는 기술과 양념이 사업 성공의 중요한 요소다. 장어는 중국산이 많이 수입돼 유통 중이나 소비자들의 국산 선호도는 압도적으로 높다. 따라서 가급적 국내산 장어 전문점을 표방하는 것이 중장기적으로 단골고객을 확보하는데 유리하다.

장어는 성수기, 비수기가 따로 없는 아이템이다. 하지만 봄부터 초여름까지 가장 맛이 좋다 하여 그 기간엔 성수기가 형성된다고 볼 수 있다. 장어구이의 경우 소금구이를 선호하는 마니아층이 존재하나 대부분의 경우 양념구이가 메인이다. 장어구이의 맛을 살리는 소스는 간장소스나 고추장소스 크게 두 가지다. 소스의 차별화는 결국 가게의 차별화로 이어지기 때문에 소스 개발에 상당한 공을 들여야 한다.

장어 전문점의 최대 위험 요소는 원재료 수급으로 인한 객단가다.

장어 1kg에 5만원을 넘어가는 상황에서 소비자가 1인분 3만원을 넘어가는 경우가 많다. 불경기를 감안한다면 결코 만만치 않은 가격대다. 국산 장어를 사용하면서 가격 경쟁력이 담보되지 않는다면 장어전문점의 성공은 힘들 확률이 높다. 때문에 이러한 가격 저항이 비교적 적은 입지를 공략하는 것이 관건이다.

최근에 중국산 수입 장어는 말라카이트 그린이란 독성 물질이 검출돼 논란이 인 적이 있다. 말라카이트 그린 검출은 중국산 장어에 대한 불신에 기름을 끼얹는 결과를 초대할 수밖에 없다. 따라서 창업자는 국내산과 중국산 사이에서 발생하는 리스크 관리에 특히 신경을 써야 한다.

장어 전문점은 남성고객이 여성고객보다 60% 이상 많은 편이다. 건강을 생각하는 30~50대 남성 직장인들의 수요가 가장 많다고 볼 수 있다. 최근에는 미용식, 건강식으로 알려지면서 주부·가족단위 고객의 수요가 계속 늘고 있는 상황이다.

장어 전문점은 크게 두 가지 콘셉트로 나뉜다. 도심 외곽의 대형 매장으로 오픈하는 방안과 도심 먹자골목의 소형 매장으로 오픈하는 방안이다. 투자금액에 맞춘 점포 개발에 나서는게 필요하다.

소자본 창업을 예로 살펴보면 건물 1층 99.18m² (30평) 정도의 중소형 매장으로 장어전문점을 출점할 경우 어느 정도의 창업비용을 예상해야 할까? 시설투자비는 3.3m² (1평당) 3000~4000만원, 주방 집기·그릇과 비품 구입비로 1500만원, 간판·기타 500~600만원, 기타 조리에 대한 전수비용 등으로 500~1000만원 정도를 예상할 수 있다. 점포구입비를 제외한 총 투자비용은 약 6000~7000만원이다.

오피스상권 내 1층 99.18m² (30평) 장어 전문점의 1일 예상매출은 80~100만원 선이다. 월매출액 2500만원을 예상할 수 있다. 여기에서 식재료 원가는 45%, 인건비 400~500만원, 임대료 200~300만원 등을 제하면 창업자의 월 순이익은 매출액 대비 25% 수준이다.

장어전문점의 SWOT 분석

- 강점 : 보양식이란 인식으로 늘 기본적인 수요층을 확보하고 있다는게 강점이다. 특별한 비수기는 없고, 여름철엔 성수기를 구가한다는 점도 매력적인 측면이다.
- 약점 : 대중적인 음식이 아니다. 장어의 특성상 여성들보다 남성들 수요가 더 많으며 가격도 비싸다. 저렴한 가격의 점심식사 메뉴 개발에도 어려움이 있다.
- 기회 : 최근에는 미용식, 건강식으로 알려지면서 주부 및 가족 단위 외식객의 수요가 늘어나고 있다.
- 위협 : 중국산 수입장어에서 말라카이트 그린 검출로 인해 소비자

불신이 크다. 원재료 수급불안요인은 장어 전문점 창업자들에게 위협요인이다.

장어전문점 창업 체크포인트

① 민물장어, 바닷장어, 꼼장어 전문점 등 상권에 적합한 출점 콘셉트 결정으로 상권별 장어 전문점 공급 상황을 체크하면서 콘셉트를 결정하는 것이 중요하다.

② 원재료 유통라인의 다변화로 장어의 원재료는 국내산과 수입산으로 분류된다. 창업자는 국내산 및 수입산 유통체계를 정확히 꿰뚫고 있는 것이 중요하다. 유통업체는 부지기수다.

③ 여성고객을 공략하는 시설 경쟁력, 서비스 경쟁력 담보는 필수다. 장어는 보양식으로 알려져 남성 고객층의 수요가 지배적이다. 때문에 여성고객을 배려하는 시설 경쟁력, 서비스 경쟁력이 중요하다.

④ 점심식사 고객을 타깃으로 하는 식사메뉴의 개발로 장어 전문점은 내세울만한 식사메뉴가 변변치 않다는 것이 종종 약점으로 지목된다. 정식 외에 내세울 수 있는 식사메뉴 개발이 중요하다. 갯장어

전문점에서는 샤브샤브가 식사메뉴로 자리 잡는 게 보통이다. 또한 장어의 원재료가 귀하다 보니까 장어구이에만 신경 쓰고 정작 중요한 곁들임 찬이 부족한 경우가 많다. 찬 구성에도 신경써야 소비자의 지갑을 열 수 있다.

<표4> 장어전문점의 최적 상권입지는?

제1후보지 사무실 밀집지역 및 도심 오피스상권 먹자골목		제2후보지 도심외곽 관광지 및 강변상권		제3후보지 주택가로 이어지는 대로변	
장점	단점	장점	단점	장점	단점
주택가 상권 보다는 관공서 주변 상권과 회식 수요가 있는 사무실 밀집지역이 적합 하다. 30~50대 남성들의 분포가 많은 지역이라 장어의 수요가 많다.	직장인들을 대상으로 하는 저렴한 가격의 점심메뉴를 개발해야 한다. 주5일 근무로 주말매출이 저조할 수 있다.	장어 전문점은 보양식품이라는 인식이 크기 때문에 도심 한가운데 보다 외곽지역에서 장어를 찾는 사람들이 많다. 임진강 일대, 고창 선운사 일대, 남양주 운길산 역 일대가 장어타운이 형성된 이유다.	주말고객층과 평일고객층의 편차가 크다는 점이다. 수도권 상권의 경우 평일 접근성이 높은 지역선정이 중요하다.	장어전문점 특성상 주택가 진입로 대로변 매장이 관건이다. 눈에 띄는 입지가 목적구매고객을 공략할 수 있다.	평일 낮 매출을 담보하기 어렵다. 주부들의 계모임이나 동네의 크고 작은 행사를 유치하는 등 매출증대를 위한 전략을 세울 필요가 있다.

자료 : 김상훈, "외식경영" (2016. 7, 127)

2) 오리 전문점

최근 오리 도축량은 지속적으로 늘어나지만 폭증하는 수요를 따라잡지 못하고 있다. 농림수산식품부에 따르면 한해 도축물량은 479만여 마리로 같은 기간(246만 5,000마리)에 비해 무려 94.3%나 폭증했다.

오리고기 가격도 최근 급등하고 있다. 김해시의 경우 생오리 공급가격이 7년 만에 1,200g 기준으로 8,500원에서 9,000원으로 오른데 이어 1만~1만 2,000원까지 뛰었다. 훈제 가공오리는 아예 구경조차 하기 힘들다고 음식점 업주들이 아우성이다. 가격도 900g 기준으로 1만 1,000원 ~1만 2,000원이었지만 중 고가를 기록할 시 1만 5,000원을 주고도 구입하기 어려운 경우도 있다.

국내 전체 오리도매가의 공식적인 통계적 평균 시세는 2kg 기준 마리당 도매가격 9,200원이다. 이는 5,200원 대비 4,000원이 상승한 가격이다. 지역별 편차가 있지만 소매가격을 12,000원 정도로 산정하고, 신선육에서 순살만을 발라낸 양이 평균 1kg이므로, 최종 순살 오리구이 소비자가를 3,0000~35,000원으로 책정한다면 다른 육고기 식당에 비해 좋은 마직이다.

하지만, 오리고기는 생산량이 조류독감과 같은 유행병 창궐, 날씨

조건 등의 이유로 크게 변동될 수 있다. 또한 오리소비량도 지속 증가추세에 있다. 영농조합법인 신선 산오리는 오리고기 부족이 전국적인 현상이라고 말한다. 그 이유는 오리소비가 늘어난 이유에 대해 2~3년 전만 해도 오리요리 소비가 비수기와 성수기로 나눠졌는데 최근 들어서는 연중 소비되고 또한 예전에는 도심외곽 가든식당에서 어쩌다 한번 즐기던 오리고기의 수요가 요즘에는 학교급식, 마트, 인테넷 판매 등 판로가 확대되면서 폭증했기 때문이다.

오리고기는 불포화 지방이 많아 섭취했을 때 심장혈관의 지방흡착 등이 적은데다 육질이 부드러워 소화력이 약한 어린이나 노인들도 즐겨 먹을 수 있는 수요가 늘어난 것으로 보인다. 이른바 웰빙식품으로 오리고기가 각광받으면서 수요을 촉발한 것이다.

실제로 오리고기는 특이한 알칼리성 식품으로 지방이 거의 불포화 지방산이다. 오리고기의 국내 총소비량은 가파르게 증가하고 있는데 주목할 사항음 내년 수입량의 기복이 매우 크다는데 있다. 이것은 수입여건의 변화(국내 생산량, 국내 가격 등)에 기인한 것이다.

한편, 수입산 오리고기는 국내의 생산량이 부족해질 때 수입량이 급증된다. 가격은 도매가 기준 8,000원 선에서 형성되어 있다. 특징은 훈제오리의 경우 중국에서 생오리의 경우 대만에서 주로 수입되는 것으로 소비자가 느끼는 맛의 차이가 거의 없다는 것이 오리육

수입업자들의 공통된 주장이다.

　오리 전문점의 현황을 파악하기 위해서는 오리 프랜차이즈 창업과 독립창업을 비교해서 시장에서 활동중인 프랜차이즈, 직영점형태의 기업, 독립점의 우수사례에 대한 비교 조사가 필수적이다.

　오리 전문점의 개설을 위하여 안정적인 식재료 수급을 위해서는 구매력이 큰 대형 프랜차이즈 오리식당을 개설해야하지만, 유명 프랜차이즈의 경우 가맹조건을 만족하려면 대규모 투자를 해야 하기 때문에 오리점 창업은 창업자의 자금력을 고려한 신중한 판단이 요구된다.

　오리요리는 회식용 또는 행사용 메뉴의 성격이 강하여 일반 주택가나 소형 상권보다는 중대형 상권에 입점한다면 안정적으로 회식 고객층을 확보할 수 있다.

　이때 서브/세트메뉴 개발과 트렌디한 음식 맛 관리를 위하여 프랜차이즈형 창업이 다소 유리한 것이 현실이다.

　오리요리점은 계절적으로 매출 편차에 대한 염려가 그리 크지 않고, 이 때문에 큰 변동 없이 안정적으로 운영할 수 있는 창업 아이템이라는 장점 외에 치명적 단점으로 원재료비가 수요과다 또는 공급자 측에서의 의도적인 공급가격 왜곡문제가 만약 발생한다면 농장을 실질적으로 소유 또는 오리농장에 대한 실질적 영향력이 있는 대형 프랜차이즈 가맹점이 아닌 구매력이 약한 소형 독립업체 또는 역시 구매력이 약한 소규모 프랜차이즈 업체는 높은 가격을 감수한다고 해도 아예 원재료를 공급받을 수도 없는 상황에 놓이기도 하는 상황이다. 실제로 일부 중소형 오리요리 프랜차이즈들은 오리고기 공급의 한계에 봉착하여 도산하기도 하였다.

대부분의 고기요리점은 원가비중이 높다. 따라서 독립점포로서 100평 이상의 업체라면, 품질 좋은 식자재를 대형 농산물 유통센터에서 직접 구입하는 것 등의 구매단가 절감전략을 시행하는 것이 필수적이다. 식자재 구매방식 변경을 통해 20~30%의 원가절감 효과를 노려볼만하다. 냉장창고를 확충해 장마철에 가격변동이 심한 농산물을 저장해 가격 변동에도 대처하는 것도 중요하다. 이와 함께 육절기(고기와 뼈를 써는 기계)나 식기세척기 등을 구입해 인력과 시간 낭비를 줄이는 방법도 적용할 수 있다.

이때 서브/세트메뉴 개발과 트렌디한 음식 맛 관리를 위하여 프랜차이즈형 창업이 다소 유리한 것이 현실이다.

오리요리점은 계절적으로 매출 편차에 대한 염려가 그리 크지 않고, 이 때문에 큰 변동없이 안정적으로 운영할 수 있는 창업 아이템이라는 점과 국내산 오리가격 변동폭이 계절요인 또는 유행병 창궐 등의 사유로 커질 수 있다는 점 등 다양한 사업요인의 영향을 받는 아이템이다.

또한 다른 주요 육류가 산성인데 반해 오리고기는 알칼리성을 띠고 있어 체액이 산성화되는 것을 막을 수 있고 피부노화를 방지한다고 하여 이른바, 진정한 웰빙음식으로 분류되기도 한다.

독립형으로 소자본을 바탕으로 소규모 매장규모의 오리요리점을 창업할 때는 철저한 상권분석을 통해 창업할 필요가 있다. 특히 회식용 특성이 강한 메뉴이기 때문에 소자본으로 창업할 시, 주거 기반의 인근 주민분석과는 별도로 인근 민간기업 또는 공공기관 등의 근로자 규모의 파악 및 경쟁력 분석도 필수적인 것이다.

참고로 대표적인 오리전문점을 요약해 보면 다음과 같다.

- 주원산오리: http://www.joowonori.com
- 배나무골: ㈜이목원 (대표: 장현성, 1990년 7월, 배나무골 오리집 양재점 개점을 시작으로 현재 국내 대표적 오리요리 업체로 성장) http://www.baenamugol.co.kr
- 참배나무골: 98년 배나무골에서 분사(회장: 장휴동), 100% 직영점 체제를 고수중임.
- 신토불이: 오리 정식 전문점 프랜차이즈, 삼백초오리, 메뉴 소개, 창업 및 가맹점 안내, http://www.sinto.co.kr
- ㈜놀부: 유황오리진흙구이, http://www.nolboo.co.kr

- 산에산 유황오리: 유황오리 사육 및 공급업체, 산에산 유황오리, 직영점, 창업 안내, 음식 이야기 수록, http://www.sesducks.com

- 3년 숙성 오모가리 오리체인점: 2010년 올해만 벌써 5번, 일본NHK, 국내방송사가 극찬 묵은지 요리 대박집, http://www.omogary.co.kr

- 유황오리전문 시골과도시: 오리요리, 직접 생산, 가공한 토종 유황오리고기, HACCP인증, 산지직송, http://www.superori.com

- 코리안덕: 오리바베큐창업, 오리배달, 훈제오리창업, 업종변경, 합리적인창업금액, http://www.koreanduck.com

- 와우리바베큐 장작구이: 오리훈제, 훈제삼겹, 등갈비, 장작구이, 오리배달전문, 대박영업 운영중, 무료체험, http://www.wawoori.com

- 오리요리 인사동큰집: 오리요리추천, 전통한정식, 톳오리, 홍삼오리불고기, 특별한날, 특별한 음식, http://www.insadongfood.co.kr

- 신토마을: 오리요리 전문 프랜차이즈, 생오리구이, 오리훈제 바비큐 등 메뉴 소개, 가맹점 개설 안내, http://www.sintotown.co.kr

- 홈덕스: 훈제오리전문점, http://www.homeducks.co.kr

- 앞뜰: 장작구이 프랜차이즈, 오리, 통삼겹, 등갈비, 오리탕 등 메뉴 소개 및 가맹점 안내, http://www.jjgogibbg.com

- 호세야오리바베큐: 오리바비큐 전문 프랜차이즈, 훈제오리, 모듬장
  작바비큐 등 메뉴 소개 및 가맹점 개설 안내, http://www.hose y
  a.com
- 오리마을 체인사업부: 생오리 숯불회전구이, 오리고기 체인유통,
  회전구이 기계, 체인점 개설상담, http://www.orimaul.net
- 황제오리 본점: 화성시 위치, 오리요리 프랜차이즈, 오리로스, 주
  물럭, 백숙 등, 체인점 안내, http://www.emperorduck.net

3) 50년 전통의 무교동 〈유정낙지〉

'무교동 유정낙지'는 매운낙지볶음의 대명사다. 얼얼하면서도
개운한 그 매운맛은 생각만으로도 입안에 침이 고인다. 무교동 본점
이 사라졌다고 아쉬워할 것 없다.

강남구 압구정동에 위치한 무교동 유정낙지 압구정직영점에서 여
전히 그 맛을 즐길 수 있다.

1970년대 종로구 서린동 낙지골목에는 60여 개의 낙지전문 음식
점들이 즐비했다. 청바지에 통기타를 멘 젊은이들은 낙지볶음 한 접
시를 안주삼아 찌그러진 양은 술잔에 막걸리를 마셨다. 80년대 중반
도심 재개발로 낙지집들이 뿔뿔이 흩어지면서 무교동 유정낙지도 여

러 지점으로 자리를 옮기게 됐다. 그 중 원조의 전통을 유지하고 있는 곳이 바로 강남구 압구정동에 위치한 압구정직영점으로 창업주의 사위가 대표인 50년 전통의 손맛을 이어가고 있다.

무교동 유정낙지 압구정점을 오픈한 건 8년 전이다. 30년 전 무교동 본점이 문을 닫은 이래 지금까지 30여 개의 가맹점이 생겨났지만 직영점으로서 본점의 손맛을 그대로 잇고 있는 곳은 이곳이 유일하다. 요즘도 가끔 나이 지긋한 고객들은 "여기가 정말 그 무교동 낙지냐. 옛날 맛 그대로다"며 추억에 잠기기도 한다.

낙지볶음 조리과정은 사실 특별한 게 없다. 질 좋은 재료에 최소한의 양념을 사용해 그때그때 조리하는 것이 전부다. 낙지는 소금으로 바락바락 주물러 씻어 불순물을 제거하는 동시에 육질을 연하게 한다. 주문이 들어오면 한입 크기로 썬 낙지를 끓는 물에 한번 데친 뒤 양념 재료를 넣고 볶아내면 끝. 녹말물에 고춧가루를 풀고 설탕과 마늘, 약간의 조미료를 넣어 고루 섞은 뒤 마무리로 대파를 넣어 다시 한 번 볶으면 완성이다.

무교동 유정낙지 특유의 깔끔한 매운맛의 비결은 바로 고춧가루다. 수십 번의 시행착오 끝에 지금의 고춧가루 레시피를 완성했다. 일반 고춧가루와 청양고춧가루, 고추씨를 적당한 비율로 섞은 뒤 20번 이상 빻아 분말처럼 고운 것이 특징이다.

굵은 고춧가루에 비해 낙지에 양념이 잘 묻어 낙지와 양념의 일체
감이 좋다.

낙지탕수·낙지파전 등 이곳만의 인기메뉴다. 압구정직영점에서는
낙지볶음 외에 낙지탕수, 낙지한마리파전 등 독특한 사이드메뉴도
만나볼 수 있다.

매운 것을 못 먹는 이들도 맛있게 먹을 수 있는 데다 낙지볶음과
함께 술안주로 즐기기에도 좋아 주문율이 높다. 특히 오동통한 낙지
에 달달한 소스를 뿌려내는 낙지탕수는 어린이를 동반한 가족고객이
가장 선호하는 메뉴 중 하나다. 오징어탕수는 있는데 낙지탕수는 왜
없을까라는 생각으로 만들어봤다. 먹어보니 오징어보다 만 배 맛있
고, 씹는 맛을 살리기 위해 낙지 다리 중 가장 굵은 부분만을 사용
한다.

낙지 한 마리가 통째로 올라간 낙지한마리파전은 비주얼부터가 먹
음직스럽다. 저녁시간대 주류 고객에게 인기가 많다. 이 외에 낙지감
자전, 청경채낙지베이컨, 낙지튀김 등 충실한 사이드메뉴 구성으로
단일메뉴 전문점으로서의 약점을 극복하고 낙지요리전문점으로 콘셉
트를 확장해가고 있다.

독특한 것은 낙지집에서 감자탕을 판다는 점이다. 충남 예산 도축
장에서 도축한 신선한 돼지 등뼈를 공수해 매장에서 직접 끓여낸 감

자탕은 전문점 못지않게 실하다. 낙지볶음이 아닌 감자탕을 먹기 위해 이곳을 찾는 고객도 적지 않다.

무교동 유정낙지에 대한 추억을 가진 분들이 아직도 많이 찾아온다. 낙지볶음에 단무지 하나 놓고 소주 한잔 하던, 지금은 나이 지긋한 분들이다. 이곳을 통해 추억을 나눌 수 있도록 변함없는 맛을 이어가고 있다. 이곳의 연락처는 02-543-3037 이다.

4) 건강하고 푸짐한 주꾸미 한 상 〈다온쭈꾸미〉

경기 부천 맛집으로 소문난 유명한 '다온쭈꾸미' 는 2014년 오픈했다. 매콤한 주꾸미볶음과 똑 부러지는 사이드메뉴 구성으로 40~50대 주부고객에게 꾸준히 사랑 받고 있다.

'다온쭈꾸미' 는 주꾸미볶음과 해물찜, 해물탕 등을 선보이는 주꾸미·해물찜전문점이다. 깊은 맛을 전하기 위해 첨가물 없이 다양한 식재료를 활용해 식재료 본연의 깊은 맛을 전한다. 이곳의 대표 메뉴는 쭈꾸미 세트다. 주꾸미볶음과 샐러드, 도토리 묵사발, 도토리전으로 한 상 가득 건강하게 구성하는데 어떤 음식 하나 그냥 준비하는 법 없다. 불맛과 매운맛이 특징인 주꾸미볶음은 첨가물을 일절 사용하지 않고 청양고추, 채소 육수, 소고기 육수 등을 배합, 이틀

동안 숙성해 맛을 낸다. 주꾸미볶음은 고객의 입맛에 따라 맵기를 조정할 수 있고, 간장 주꾸미로도 변경할 수도 있다. 묵사발의 육수도 직접 우린 소고기 육수를 베이스로 만들며, 샐러드의 드레싱도 생과일을 갈아 건강함을 더한다. 이와 함께 영월 곤드레, 양구 시래기 등 채소를 제공, 밥에 비빔밥처럼 비벼 먹을 수 있도록 했다.

다온주꾸미의 변함없는 맛의 비결은 메뉴의 맛을 좌우하는 해물찜과 주꾸미 양념을 매뉴얼화한 것이다. 누가 만들어도 똑같은 맛을 구현할 수 있도록 정확한 양과 배합비를 레시피화, 언제나 최고의 맛을 선보일 수 있도록 준비한다.

퀄리티 높은 메뉴를 합리적인 가격에 즐길 수 있는 점도 다온쭈꾸미 방문하게 만드는 요소다. 쭈꾸미 세트 3종을 합리적인 가격에 책정해 점심시간 많은 고객이 이 메뉴들을 찾는다. 1만 원의 기본 쭈꾸미 세트에 1000원만 추가하면 고소한 순두부를, 2500원을 추가하면 갈비도 함께 곁들일 수 있어 고객 만족도가 높다.

사이드메뉴 통해 10% 추가 매출 달성하고 있는 다온쭈꾸미는 사이드메뉴로만 매출의 10%를 달성할 정도로 사이드메뉴를 알차게 활용하는 외식업소다. 메인 메뉴인 매운 주꾸미와 잘 어울리면서도 어린이 고객이 좋아할 만한 왕교자 세트, 왕새우 튀김, 낙지왕만두, 생선가스, 치즈퐁듀 등을 사이드메뉴로 제공해 가족 단위 고객의 만족도가 높다. 이중 최근에 새롭게 선보인 왕교사 세트는 불고기왕교자 5개, 김치왕교자 5개를 세트로 구성해 7000원에 판매한다. 불고기왕교자의 소는 달콤하면서도 육즙이 풍부하고, 김치왕교자는 종가집 김치를 활용해 맛을 배가한다. 주꾸미볶음과 함께 먹으면 불고기교자는 달달한 맛이 매운 주꾸미 맛을 중화시키고 김치 교자는 감칠맛을 더해 모두 잘 어울린다.

낙지왕만두 메뉴와 개성이 겹치지 않으면서도 매운 주꾸미와 어울릴 달콤한 맛이 있는 만두를 찾고 있는데 청정원 왕교자 만두가 제격이었다. 특히 불고기왕교자는 유명 불고기 프랜차이즈 외식업체와 협력해 만들어 달짝지근한 불고기 양념 맛이 매운 주꾸미볶음과 어우러져 궁합이 좋았다. 불고기 왕만두, 왕교자는 진하고 달콤한 '서울식불고기'의 맛으로, 비빔냉면-쫄면 등 매콤한 음식과 함께 들면 더욱 맛있으며, 김치 왕만두, 왕교자는 아삭하고 깔끔한 '종가집김치'를 사용하여 한식메뉴(설렁탕) 및 튀김제품과 함께 들면 더욱 맛있다.

섬세한 고객 감동 서비스로 충성 고객층을 확보하고 있는 〈다온쭈꾸미〉는 2층에 입지해 불리한 환경적 요건을 섬세한 서비스로 상쇄시키고 있다. 주꾸미·해물찜 전문점이지만 카페 같은 분위기로 인테리어해 분위기를 차별화하고, 660㎡(200평)에 달하는 넓은 매장에 200석만 배치해 편하게 식사할 수 있도록 고객을 배려했다. 테이블마다 핸드폰 충전 USB를 배치하고 매장 한쪽에는 안경 세척기, 무릎 담요를 비치해 언제나 사용할 수 있다. 무엇보다 무료로 원두커피를 제공, 식사하고 난 후에 3층에 있는 약 200㎡(60평)의 테라스에서 여유를 즐길 수 있어 고객 만족도가 높다.

주기적으로 진행하는 프로모션도 다온쭈꾸미로 발걸음을 향하게 만드는 요소다. 지난달에는 오픈 3주년을 맞이해 쭈꾸미 세트를 주문한 모든 고객에게 1만 원 상당의 낙지 젓갈을 제공하는 등 다양한 이벤트를 실시했다.

고객의 기억에 남을 수 있는 이벤트를 기획 한다 프로모션은 매출을 높이기 위한 도구보다는 고객에게 감사하는 마음을 전하면서 끈끈한 유대 관계를 만드는 계기가 되기 때문이다.

주요 메뉴는 쭈꾸미 세트 1만 원, 순두부 쭈꾸미 세트 1만1000원, 쭈꾸미 갈비세트 1만2500원, 왕새우튀김(1미) 2000원, 왕교자세트 7000원, 낙지왕만두 7000원 이다.

현주소는 경기도 부천시 원미구 소향로 233 이며, 전화는 032-322-1199 이다.

부록

창업 및 업종 전환, 신규사업 가이드

〈표 1〉 외식산업의 구성요소

외식산업의 구성요소				
가격	식음료	인적서비스	물적서비스	편리성

〈표 2〉 외식기업 경영형태의 장·단점

구분 ＼ 방법	초기투자	경험도	사업운영 책임도	실패율	재정 위험도	보상
직영	높다	높다	높다	높다	높다	높다
가맹	보통 이하	최저	보통	보통	보통	보통 이상
인수	보통	높다	높다	높다	높다	높다
위탁	없음	보통 이상	보통	보통	보통	보통 이하

〈표 3〉 업종별 분류

외식산업	음식중심	일반음식점	일반음식점	한식점
				일식점
				양식점
				중식점
				기타
			특수음식점	열차식당
				항공기내식당 기내사업
				선박 내 식당
			숙박시설 내 음식점	호텔 내 식당
				리조트,콘도,여관 내 식당(1970년 이전)
		단체음식	학교	초,중,고,대학
			기업	구내식당
			군대방위시설	군대
				전투경찰
				경찰
				교도소
			병원	구내식당
			사회복지시설	연수원
				양로원
				고아원
	음료중심		찻집,술집	커피전문점
				호프집
				술집(대중유흥업소)
			요정,바	요정
				바
				카바레
				나이트클럽, club

〈표 4〉 한식의 유형별 종류

품목	세부종목	품목	세부종목
해물류	조개찜 조개구이 게찜 바닷가재찜 낙지볶음 굴회 오징어볶음	전류	파전 빈대떡 모듬전 오코노미야키
생선류	갈치구이 코다리찜 광어회 장어구이 장어직화 장어양념구이	국물류	된장찌개 부대찌개 청국장 순두부 북어국
육류-쇠고기	쇠고기등심 쇠고기갈비 쇠고기 불고기 쇠고기 샤브샤브	디저트류-빵	샌드위치 초콜릿 케이크 와플 바게트
육류-돼지고기	돼지고기 삼겹살 돼지갈비 돼지등갈비	디저트류-음료	생과일주스 아이스크림 빙수 생과일 요거트 스무디
육류-닭고기	닭튀김 삼계탕 닭강정 닭갈비	디저트류-커피	커피 북카페 애견카페 키즈카페
육류-족발	족발 냉족발 오븐구이족발 쌈족발	출장음식	도시락 제사음식 홈파티
면류	자장면 짬뽕 냉면 잔치국수 메밀	주류	소주 맥주 생맥주 와인 막걸리
탕류	갈비탕 샤브샤브 설렁탕 삼계탕 매운탕	분식류	순대류 튀김 떡볶이 우동 김밥
한식	비빔밥 쌈밥 영양밥 김밥 죽	뷔페류	패밀리뷔페 해산물뷔페 고기뷔페 샐러드뷔페 디저트뷔페 채식뷔페

〈표 5〉 외식업계 업종별 트렌드 핵심 (키워드)

창업할 수 있는 외식 종목들 간 콜라보레이션(모둠+조합) 메뉴

업종	키워드	상세 키워드
한식	건강한 삶과 간편식 시장확대	4S(safety, show, self, single), 건강, 간편식, 유기농, No MSG, 오픈키친, HMR
패밀리 레스토랑	감성을 추구하는 융복합화	콜라보레이션, 감성, 시장 다각화, 초니치 마켓
치킨	카페형 매장과 스포츠 마케팅	가치소비, 힐링, 프리미엄, 싱글족, 치맥 스포츠 마케팅, 간편식, 안전, 차별화, SNS
주점	복고와 엔도르핀 디쉬	복고, 감성, 소형화, 차별화, SNS 콜라보레이션, 인테리어, 합리적 가격
커피	고급 원두와 부티크 매장	웰빙, 건강한 재료, 소형화, 전문화, 차별화, 콜라보레이션, 고급화, 부티크, 복고, 인테리어, 사회공헌, 해외진출
피자	웰빙과 프리미엄의 합리적 소비	웰빙, 고급화, 합리적 가격, 안전·안심, 스포츠마케팅, 복고·향수, 엔도르핀 디쉬, 콜라보레이션, 소형화, 건강한 재료, 싱글족
이탈리안 레스토랑	착한 소비와 건강한 식생활	착한 소비, 오가닉, 건강, 와인
분식	합리적인 가격과 콜라보레이션	콜라보레이션, 소형화, 프리미엄, 합리적 가격, 소량화, 간편식, 싱글족
패스트푸드	안전하고 합리적인 가격	합리적 가격, 간편식, 싱글족, 안심·안전
디저트	매스티지족의 진정성	콜라보레이션, 건강한 재료, 진정성, 유기농, 프리미엄, 인테리어, 독창성

〈표 6〉 소비자 유형별 기호와 변화

소비자 진화 양상 단계 ▼	새로운 소비자 집단 ▼
마담슈머(Madame + Consumer) 구매 결정권을 가진 주부들의 시각에서 제품 평가	**바이슈머(Buy + Consumer)** 해외에서 판매되는 물품을 직접 구입하는 소비자 (직구족)
⇩ **트라이슈머(Try + Consumer)** 기존 정보에 의존하지 않고 제품을 직접 써본 뒤 평가	**모디슈머(Modify + Consumer)** 제조업체에서 제시하는 방식이 아닌 자신만의 방법으로 재창조 해내는 소비자
⇩ **크리슈머(Creative + Consumer)** 신제품 개발이나 디자인, 서비스 등의 문제에 적극 개입해 의견을 제시	**스토리슈머(Story + Consumer)** 기업에 제품과 관련된 자신의 이야기를 적극적으로 알리는 소비자
⇩ **프로슈머(Producer + Consumer)** 제품의 생산단계에 직접 관여하거나 소비자가 생산까지 담당	**쇼루밍족(Showrooming)** 오프라인 매장에서 제품을 보고 온라인을 통해 저렴하게 구매하는 소비자(실속 중시) VS
⇩ **가이드슈머(Guide + Consumer)** 기업의 생산현장을 검증하고 잘못된 점은 지적, 잘한 점은 홍보	**역쇼루밍족(Reverse Showrooming)** 온라인에서 검색을 통해 제품을 결정한 뒤 오프라인에서 구매하는 소비자

〈표 7〉 외식 브랜드의 구성 요소

브랜드 아이덴티티	브랜드 네임, 브랜드 로고, 브랜드 컬러, 브랜드 캐릭터, 브랜드 슬로건
메뉴	메뉴 구성, 원재료 선택, 조리 방식, 메뉴명, 프리젠테이션, 식기 선택, 메뉴 제공 방식
서비스	서비스 정도, 서비스 방식, 서비스 특성
분위기	SI(Store Identity), 음악(music), 조명(lighting), 유니폼(uniform), 사인(signage)
입지	지역, 입점 형태(free standing/building-in)
가격	가격, 좌석회전율, 식재료비, 인력 및 인건비, 임대료 수준, 할인정책

〈표 8〉 브랜드 아이덴티티의 도출

기능적 속성	맛의 동질성, 볼의 차별성, 메뉴의 다양성, 양의 풍부함, 시간 절약, 이벤트의 독창성, 접근 편의성, 인테리어의 간결성, 가격대비 맛과 양, 가격의 합리성		
이성적 혜택	통일성, 신속성, 다양성, 합리성, 편리성, 독창성, 전문성		
감성적 혜택	신선함, 생동감, 젊음	친근함, 즐거움, 정겨움	편안함, 재미있음
성격	▼ 독특함	▼ 공유성	▼ 편안함
브랜드 아이덴티티	⇩ 스파게티로 특화된 캐주얼 레스토랑		

〈표 9〉 브랜드 콘셉트 키워드의 개발

키워드	내용
다양성	메뉴와 이벤트의 다양성
통일성	각 매장 간 메뉴의 맛, 인테리어의 동질성
합리성	가격대비 맛과 양, 서비스의 만족감
신속성	시간 절약
전문성	네이밍에서의 전문성, 메뉴의 전문성
편리성	접근과 이용, 서비스의 편리성
신선함	음식의 신선함, 신선한 식자재, 이벤트와 제공 방식(홀서비스)의 새로움
생동감	동적이고 활발한 분위기, 생동감 있는 인테리어
젊음	매장 분위기, 주된 색상, 방문하는 고객과 직원의 젊음
친근함	고급스럽지 않고 대중적이며 부담스럽지 않은 친근함
즐거움	밝고 화사한 인테리어와 가격대비 맛과 양이 좋은 것에서 오는 즐거움
정겨움	오픈된 주방이나 인테리어, 함께 나눠먹는 정겨움
편안함	인테리어의 편안함, 위치의 편안함, 서비스나 가격 등의 심리적 편안함
재미	이벤트의 재미, 메뉴를 고르는 재미, 홀서비스의 재미
독특함	홀서비스의 독특함, 패밀리레스토랑과는 다른 분위기와 서비스
공유성	음식을 나눔으로서 얻게 되는 정서의 공유

〈표 10〉 콘셉트 도출 사례

고객 이미지	개성을 추구하는 여대생 (20대 여성)	해외여행 경험이 있는 젊은 세대	신세대 직장인	자유 직업가와 보보스족	아침 일찍 출근하는 직장인
고객 이익	자신만의 공간, 자유롭게 대화	해외에서 경험한 커피 맛	친구와 여유로운 대화, 독특하고 맛있는 장소	다양한 커피 선택, 노트북 PC이용	간단한 빵과 커피
입지 이미지	이대 앞, 대학로, 프레스센터, 명동역, 강남역, 삼성역, 코엑스, 역삼역, 광화문				
고객 서비스	창가 쪽 1인 좌석, 자유공간, 바리스타, 테이크아웃 서비스, 고객 맞춤 커피, 무선 랜 서비스, 포인트제도, 페이스트리				
고객 시나리오	창가에서 음악을 들으며 혼자 책을 본다, 커피향이 나는 포근한 소파에서 친구와 부담 없이 대화한다. 여자 친구와 극장에 가기 전에 만나서 영화 이야기를 하며 즐긴다, 직장 동료와 점심 식사 후 커피를 테이크아웃하여 마신다. 여기저기 뛰어다니다 자투리 시간에 무선 랜을 이용하여 업무를 한다, 일찍 출근하여 회사 근처에서 여유로운 아침을 시작한다.				
목표 콘셉트	세계 최고의 커피를 주문하여 직접 에스프레소 방식으로 즐길 수 있는 커피숍, 혼자 있을 때는 편안하게, 친구와 같이 있을 때는 즐겁게 대화할 수 있는 커피숍, 고객의 오감을 만족시켜주는 문화가 있는 커피숍				

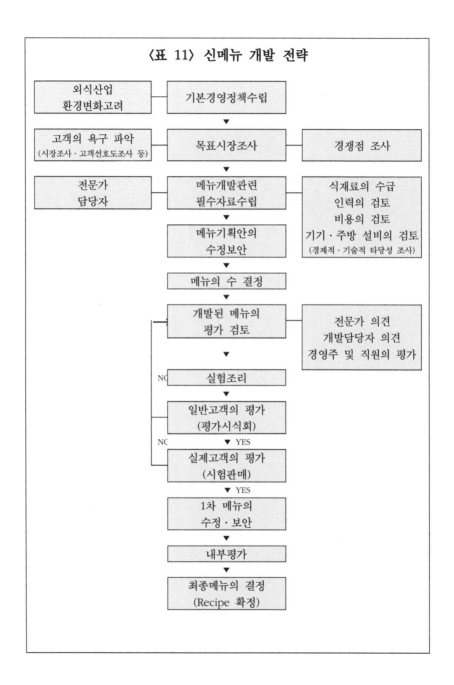

〈표 11〉 신메뉴 개발 전략

외식산업 환경변화고려	→	기본경영정책수립

▼

| 고객의 욕구 파악 (시장조사 · 고객선호도조사 등) | → | 목표시장조사 | ← | 경쟁점 조사 |

| 전문가 담당자 | → | 메뉴개발관련 필수자료수립 | 식재료의 수급
인력의 검토
비용의 검토
기기 · 주방 설비의 검토
(경제적 · 기술적 타당성 조사) |

▼

메뉴기획안의 수정보안

▼

메뉴의 수 결정

▼

| 개발된 메뉴의 평가 검토 | 전문가 의견
개발담당자 의견
경영주 및 직원의 평가 |

▼

NO 실험조리

▼

일반고객의 평가 (평가시식회)

NO ▼ YES

실제고객의 평가 (시험판매)

▼ YES

1차 메뉴의 수정 · 보안

▼

내부평가

▼

최종메뉴의 결정 (Recipe 확정)

〈표 12〉 메뉴의 적합성 평가

주요항목 및 평가요소	세부검토사항
소비기호 (연령별, 직업별)	• 타깃연령대가 좋아하는 음식인가? • 음식이 깔끔하고 정갈한가? • 타깃연령대의 수준에 적합한가? • 계절 메뉴나 계절 식재료를 사용할 수 있는가? • 건강식, 다이어트식, 기능식인가? • 맛 유지와 양은 적절한가? • 메뉴가격대는 어떤가? • 어린이용 메뉴구비와 디저트는 준비되어 있는가? • 가족고객이 좋아하는가? • 단순식사로 적합한가? • 메뉴북은 깨끗하고 설명이 충분한가? • 행사메뉴(모임, 회식, 기타)로 적합한 메뉴인가?
점포, 입지, 시장	• 주변 시장의 가격대는?　　• 혐오시설은 없는가? • 접근성(편리성)은?　　• 홍보성(가시성)은? • 시장성(시장수요)은?　　• 적합한 입지인가? • 적합한 건물인가?　　• 점포규모는? • 경쟁상태는?　　• 상권내의 외식 성향은? • 성장 가능한 입지인가?　　• 집객 시설이 있는가? • 유동인구는 얼마나 되는가?　　• 유동차량은 얼마나 되는가? • 주차시설은 되어 있는가?
경영효율 (경영관리 계수관리)	• 매출이익은?　　• 회전율은? • 객단가는?　　• 원가(재료비,인건비,제경비)는? • 메뉴관리는 용이한가?　　• 서비스의난이도는? • 점포관리는?　　• 경영주의 메뉴 이해도는? • 구매의 난이도는?　　• 직원 채용은?
식사형태	• 조식 • 중식 • 간식 • 석식 • 미드나이트
판매방식	• 내점(Eat in) • 배달 • 포장판매 • 복합판매 가능성은?

〈표 13〉 외식 브랜드 주기별 커뮤니케이션 전략

도입기 (사업홍보)	• 모델샵의 영업 활성화에 총력 • 언론에 기사화 • 브랜드 인지도 제고를 통해 계약 유도 • 체험마케팅을 통한 점포 이용유도 • 예비창업자 홍보
성장기 (성공모델의 정착)	• 기획 사업설명회 개최(명강사 초청 등) • 도입기보다는 광고 홍보 효력감소 • 성공사례 만들기 • 성공사례를 바탕으로 한 현장 확인계약 실적 기대 • 경쟁업체 진입 시 탄력적으로 시장 전략 전개
성숙기 (브랜드지명도 확대)	• 성공사례를 중심으로 한 계약 실적 증가 • 브랜드 정체성 관리 강화(표준화, 전문화, 단순화) • 유지광고/홍보시행 • 브랜드 이미지 관리 • 메뉴개발 및 보완
쇠퇴기 (현상유지/ 신규사업)	• 계약실적 쇠퇴 • 브랜드파워 유지 • 고객욕구 분석을 기초로 한 사업 컨셉 조정 • 재정비 및 제2브랜드 런칭 • R&D 성장전략

〈표 14〉 라이프 사이클에 따른 단계별 관리전략

구분	도입기	성장기	성숙기	쇠퇴기
소비자	소비 준비	소비 시작	소비 절정	소비 위축
경쟁업소	미약	증대	극대	감소
창업시기	창업 준비	창업 시작	차별화	업종변경
매출	조금씩 증가	최고로 성장	평행선	하락
제품 (메뉴)	지명도 낮다	지명도 급상승 및 모방 시작	지명도 최고 제품의 다양화	신 메뉴로 대체시기
유통 (판매)	저항이 높고 점두판매위주	저항 약화되고 주문이 쇄도	주문감소 가격파괴현상	가격파괴절정 생존경쟁으로 재정비
촉진	광고 및 PR 활동성행	상표를 강조하고 경쟁적	캠페인활동 성행 및 제품의 차별성 강조	수요는 판촉에 비해 효과가 미흡
가격	높은 수준	가격인하 정책실시	가격최저로 가격에 민감	재정비에 따른 가격 인상정책
커뮤니 케이션	체험마케팅을 통한 이용유도	성공사례를 바탕으로 현장실적기대	유지강화 브랜드 정체성 관리강화, 성공사례를 중심으로 계약실적증가	계약실적 쇠퇴, 신규사업진출 모색, 고객욕구분석으로 사업 컨셉 조정
진행기간	1년차	2년차	3년차	4년차

〈표 15〉 외식산업의 소득 수준별 발전

구분	GNP($)	성장과정	주요업체등장
1960년대	100 ~200	식생활의 궁핍 및 침체기(6·25전쟁 후), 밀가루 위주의 식생활 유입(미국 원조품), 분식의 확산 및 식생활 개선 문제 부상	뉴욕제과(67), 개업업소 및 노상 잡상인 대량 출현
1970년대	248 ~ 1,644	영세성 요식업의 우후죽순 출현, 경제 개발 계획에 따른 식생활 향상, 해외브랜드 도입 및 프랜차이즈 태동, 국내프랜차이즈 시작 : 난다랑(79.7), 서구식 외식업 시작 : 롯데리아(79.10)	가나안제과(76) 난다랑(79) 롯데리아(79)
1980년대 초반	1,592 ~ 2,158	외식 산업의 태동기(요식업→외식산업), 영세 난립형 체인점 출현(햄버거, 국수, 치킨 등), 해외 유명브랜드 진출 가속화	아메리카(80) 윈첼(82) 짱구짱구(82) 웬디스(84) KFC(84) 장터국수(84) 신라명과(84) 등
1980년대 후반	2,194 ~ 4,127	외식산업의 적응 성장기(중소기업, 영세업체난립), 식생활의 외식화·레저화·가공식품화 추세, 패스트푸드 및 프랜차이즈 중심 시장 선도, 패밀리 레스토랑·커피숍·호프점·베이커리·양념치킨 등 약진	맥도날드(86) 피자인(88) 코코스(88) 도투루(89) 나이스데이(89) 만리장성(86)
1990년대 초반	5,569 ~ 10,000	외국산업의 전환기(95년 산업으로서 정착), 중·대기업의 신규진출 러시 및 유명브랜드 도입, 프랜차이즈 급성장 및 도태, 시스템 출현(외식근대화)	나이스데이 씨즐러 스카이락 TGIF 등 아웃백, 빕스, 베니건스, 애슐리, 마르쉐 등

구분	GNP($)	성장과정	주요업체등장
1990년대 후반	6,500 ~ 9,800	IMF로 경기침체, 전체적인 침체, 불황 중 실직자들의 생계수단과 고용 창출 효과, 침체기에도 꾸준한 성장을 이룸, 다양한 형태의 소비패턴에 따른 점포의 변화	서울 경기지역 외식기업 포화 상태로 지방음식의 체인화와 수도권 중심의 패밀리 레스토랑의 지방 진출과 발전
2000년대 초반	10,000- 15,000	웰빙 문화로 인한 패스트푸드의 변화, 광우병파동으로 일부 산업 심각한 타격, 조류독감으로 치킨업계 일시적인 위기, 꾸준한 발전으로 전체 국민 노동력의 50%이상 고용 창출한 거대산업으로 발전	프랜차이즈 포화, 국내 브랜드 등장
2000년대 후반	15,000- 21,500	국내브랜드 프랜차이즈 대거 등장 및 대기업·식품업계의 외식산업 진출, 대기업 3세들의 외식산업진출(신세계:스타벅스로부터시작-투썸플레이스 등)	(할리스, 카페베네 등)
2010년대 초반	21,500 ~ 25,000	경기침체와 세월호 사건으로 인한 외식위주의 식단이 집으로 이동, 정부규제에 의한 외식분야와 식품분야의 위축	대기업 진출에 대한 정부규제, 상생과 공생의 기업 논리
2010년대 후반	25,000 ~ 30,000	대기업 외식산업이 상생과 공생을 내세운 중소기업 외식 정책으로 변화, 대기업의 외식산업 진출 금지, 외식문화의 침체기와 과다 경쟁	CS를 통한 기업 이익과 고객만족 공존

⟨표 16⟩ 한국의 외식산업 발전과정

연대	발전내용	주요업체
1960년대 이전	• 전통 음식점 중심의 음식업 태동기 • 식생활 및 식습관의 가내 주도형 • 식량지원 부족(생존단계)	• 이문설렁탕(1907) • 용금옥(1930) • 한일관(1934) • 조선옥(1937) • 안동장(1940) • 고려당(1945) • 남포면옥(1948)
1960년대	• 6·25전쟁 후 식생활 궁핍 및 음식업 침체기 • 혼분식 확산(미국원조 밀가루 위주의 식생활)	• 삼양라면 최초 시판(1963) • 비어홀(1964) • 코카콜라(1966) • 뉴욕제과 신세계 본점 프랜차이즈 1호점(1968)
1970년대	• 해외브랜드 도입기 • 프랜차이즈 태동기 • 대중음식점 출현	• 난다랑(1979) 국내 프랜차이즈 1호 • 롯데리아(1979) 서구식 외식 시스템 시발점
1980년대	• 외식산업 전환기 • 해외브랜드 진출 가속화 • 국내 자생브랜드 난립 • 부산 아시안 게임(1986) • 서울 올림픽(1988)	• 아메리카나(1980) • 서울 프라자 호텔이 여의도 전경련 빌딩, 프라자(한식당), 도원(중식당), 연회장 운영(1980) • 윈첼도우넛, 버거킹(1982) • 서울 프라자호텔 열차식당 운영(1983) • 웬디스, 피자헛, KFC(1984) • 맥도널드(1986) • 피자인, 코코스, 크라운베이커리, 나이스데이, 놀부보쌈(1988)

연대	발전내용	주요업체
1990년대	• 외식산업 성장기 • 대기업 외식산업 진출 • 패밀리레스토랑 진출 • 전문점 태동	• TGIF 판다로시(1992) • 시즐러(1993) • 데니스, 스카이락, 케니로저스 (1994) • 토니로마스, 베니건스, 블루노트, BBQ(1995) • 마르쉐(1996) • 칠리스, 우노, 아웃백스테이크하우스(1997)
2000년대	• 외식산업의 전성기 • 식품업계의 외식산업 진출 • 대기업의 외식산업 점령 • 골목상권 장악 • 자금력에 의한 규모화	• 커피(음료)전문점의 강세, 포화 • 해외진출사례 (할리스 토종브랜드)
2010년	정부의 규제와 경기침체로 인한 외식산업 침체기, 외식업의 다양화를 통한 커피전문점의 활성화를 꾀하고 있으나 국내포화로 인한 도산위기, 해외진출의 판로가 절실	• 첫손님가게(2013년2월) -기부문화의 정착 • 공생과 상생의 기로 • 대기업의 골목상권진출 금지 등
2020년	• 프랜차이즈를 중심으로 한 한류 K-Food 확산 • 해외 진출 본격화 • 맛, 웰빙, 디테일이 주도 • 성장 정체	• 놀부 NBG • 치킨 브랜드 • CJ 푸드빌 해외 100호점(2012) • 파리바게트(2015년 해외 200호점 개설)

〈표 17〉 국내 프랜차이즈 산업의 변천사

시대별	구분	주요 브랜드 및 이슈
1970년대	**태동기** • 프랜차이즈 산업모델 국내 첫선 • 기업형 프랜차이즈 탄생	• 1977년 림스치킨 • 1979년 7월 국내 프랜차이즈 1호점 난다랑(동숭동) • 1979년 10월 롯데리아 소공동
1980년대	**도입 및 성장기** • 패스트푸드 도입에 따라 대기업 외식업진출 • 해외 패스트푸드 프랜차이즈 국내 진출 • 한식 프랜차이즈시작 (놀부보쌈/송가네왕족발/감미옥 등) • 88서울 올림픽 개최	• 1982년 페리카나 • 1983년 장터국수 • 1984년 KFC/버거킹/웬디스 • 1985년 피자헛/피자인/베스킨라빈스 • 1986년 파리바게트 • 1987년 투다리 • 1988년 코코스 • 1989년 도미노피자/놀부/멕시카나
1990년대	**성숙기** • 국내 프랜차이즈 기반 구축 • 국내 최초 패밀리 레스토랑 개념 도입 • 1988년 외환위기 • 1989년 (사)한국 프랜차이즈산업협회 설립	• 1990년 미스터피자 • 1991년 원할머니보쌈/교촌치킨 • 1992년 맥도날드/TGIF 사업개시 • 1993년 한솥도시락/미다래/파파이스 • 1994년 데니스/던킨도너츠 • 1995년 베니건스/토니로마스/씨즐러/BBQ • 1996년 김가네/마르쉐/쇼부 • 1997년 빕스/아웃백스테이크/칠리스/우노 • 1998년 쪼끼쪼끼/스타벅스/코바코 • 1999년 BBQ 국내 최초 가맹점 1000호점 달성 • 1999년 (사)한국프랜차이즈협회 설립인가

시대별	구분	주요 브랜드 및 이슈
2000년대	**해외진출 초창기 일부 업종 포화기** • 국내 외식브랜드 중국, 일본 등 해외진출 가속화 2002년 한일 월드컵 개최 • 치킨프랜차이즈 붐업	• 2000년 미소야, 투다리 중국 청도 진출 • 2001년 퀴즈노스/매드포갈릭/사보텐/ 파스쿠찌 • 2002년 파파존스/본죽, 분쟁조정협의회 설치 • 2003년 프레쉬니스버그/명인만두/ 피쉬앤그릴/BBQ 중국 진출 • 2004년 크리스피크림도넛 • 2005년 뚜레쥬르 중국 진출 • 2006년 토다이, 놀부 일본 진출 • 2007년 BBQ 싱가포르 진출
2010년대	**저성장기 해외진출 가속화** • 식재료 수급 불안정 • 해외진출 가속화 • 외식업관련 법과 제도 정비 • 중소기업 적합업종 선정 • 대기업 빵집 사업 철수 • 공정위 모범거래기준안 발표 • 가맹사업법 추진 • 음식점 금연구역 전면시행(2015) • 디저트 업종 활성화 • 일본, 유럽 등 해외디저트브랜드 도입 활발 • 소프트아이스크림, 팥빙수, 츄러스 등 브랜드 활성화	• 2010년 채선당 인도네시아 진출 • 2012년 파리바게뜨 중국 100호점, CJ푸드빌 해외 100호점 • 2011년 놀부 NBG, 美 모건스탠리PE에 지분 매각, 제스터스, 잠바주스, 망고식스 • 2012년 베코와플, 투뿔등심, 와플트리, 모스버거 • 2013년 바르다김선생, 고봉민김밥, 설빙, 깐부치킨, 이옥녀팥집, 족발중심, 미스터시래기, 고디바, 소프트리 • 2014년 자연별곡, 올반, 계절밥상 등 한식뷔페 • 2015년 11월 미스터 피자 중국 100호점 출점 • 2015년 12월 파리바게뜨 해외 200호점

〈표 18〉 시대별 외식브랜드(메뉴)콘셉트의 변화추이

메뉴	시대	외식 브랜드
햄버거	1980~1985	롯데리아, 아메리카나, 빅웨이
면류	1986~1988	장터국수, 다림방, 다전국수, 민속마당, 국시리아, 참새방앗간
양념치킨	1988~1990	페리카나, 처갓집, 림스치킨
보쌈		놀부보쌈, 촌집보쌈, 할매보쌈
우동	1990~1992	언가, 천수, 나오미, 기소야
신개념퓨전 레스토랑		(피자, 햄버거, 아이스크림, 통닭 등 모두 판매) 굿후렌드, 코넬리아, 아톰플라자, 해피타임
쇠고기뷔페	1992~1993	엉클리 외
커피		쟈뎅, 미스터커피, 왈츠, 브레머
피자	1993~1994	시카고피자, 피자헛, 도미노피자
피자뷔페		베네벤토, 아마또, 오케이, 베니토, 카이노스
탕수육	1994~1996	탕수 탕수 외
김밥		종로김밥, 김가네김밥, 압구정김밥
조개구이		조개굽는 마을, 미스조개 열받네, 바다이야기, 조개부인 바람났네
칼국수	1996~1997	봉창이해물칼국수, 유가네칼국수, 우리밀칼국수
북한음식		모란각, 통일의 집, 고향랭면, 발용각, 진달래각
요리주점	1997~1999	투다리, 칸, 천하일품, 대길, 기린비어페스타

메뉴	시대	외식 브랜드
찜닭		봉추찜닭, 고수찜닭, 계백찜닭
참치		참치명가, 동신참치, 동원참치
에스프레소 커피	1999~2001	할리스, 커피빈, 프라우스타, 이디야
돈가스		라꾸라꾸, 하루야, 패밀리언
생맥주		쪼끼쪼끼, 해피리아, 블랙쪼끼, 비어캐빈
아이스크림		레드망고, 아이스베리
회전초밥	2001~2003	스시히로바, 사까나야, 기요스시
하우스맥주		오키스브로이하우스, 플래티늄, 도이치브로이하우스
불닭		홍초불닭, 화계, 땡초불닭
퓨전 오므라이스	2004~2005	오므토토마토, 오므라이스테이, 오므스위트, 에그몽
중저가 샤브샤브		정성본, 채선당, 어바웃샤브
베트남 쌀국수		호아빈, 포베이, 포메인, 포타이

메뉴	시대	외식 브랜드
해물떡찜	2006~2007	해물떡찜0410, 크레이지페퍼, 홍가네해물떡찜
정육형 고깃집	2006~2007	다하누촌, 산외한우마을
저가 쇠고기		아지매, 우스, 꽁돈, 우쌈, 우마루, 행복한 우담
국수	2008~2009	(비빔국수, 잔치국수)망향비빔국수, 명동할머니국수, 산두리비빔국수, 닐니리맘보
일본라멘		하코야, 멘쿠샤, 라멘만땅, 이찌멘
카페	2008~2013	스타벅스, 카페베네, 파리바게뜨
떡볶이	2011~2012	아딸, 죠스, 국대, 동대문엽기떡볶이
샐러드, 집밥	2013~2014	샐러드뷔페, 계절밥상, 자연별곡
디저트카페	2015~2017	몽슈슈, 초코렛바, 빙수 등 디저트

〈표 19〉 업종별 음식점업 현황(2015년 기준)

분류		업체수		종사자수	
		(개)	%	(명)	%
음식점업	한식점업	299,477	65.1	841,125	59.9
	한식점 제외한 총합	159,775	34.9	562,513	40.1
	중국 음식점업	21,503	4.7	76,608	5.5
	일본 음식점업	7,466	1.6	33,400	2.4
	서양 음식점업	9,954	2.2	67,279	4.8
	기타 외국식 음식점업	1,588	0.3	8,268	0.6
	기관 구내 식당업	7,830	1.7	48,000	3.4
	출장 및 이동 음식업	511	0.1	2,620	0.2
	기타 음식점업	110,923	24.2	326,338	23.2
	소계	459,252	100.0	1,403,638	100.0
주점 및 비알콜 음료점업		176,488		420,576	
음식점업(합계)		635,740		1,824,214	

〈표 20〉 사업장 면적규모별 음식점 분포도(2015년 기준)

사업장 면적규모		음식점수(개)	(%)
30㎡ 미만	(9.3평)	75,977	12.0
30㎡~50㎡	(9.3평~15.4평)	131,003	20.6
50㎡~100㎡	(15.4평~30.9평)	271,277	42.7
100㎡~300㎡	(30.9평~92.6평)	135,299	21.3
300㎡~1,000㎡	(92.6평~302.5평)	19,856	3.1
1,000㎡~3,000㎡	(302.5평~907.5평)	2,057	0.3
3,000㎡	(907.5평)	271	0.1
합 계		635,740	100.0

〈표 21〉 종사자 규모별 음식점(주점업포함)

(2015년 기준)

종사자규모	음식점수(개)	(%)	종사자수(명)	(%)
1~4명	559,338	88.0	1,170,619	64.2
5~9명	61,176	9.6	375,014	20.6
10~19명	11,685	1.8	147,249	8.0
20명 이상	3,541	0.6	131,332	7.2
합계	635,740	100.0	1,824,214	100.0

〈표 22〉 년 매출규모별 음식점 및 종사원 분포도

(2015년 기준)

매출규모	음식점수(개)	(%)	종사원수(명)	(%)
50 만원 미만	156,598	34.1	282,449	20.2
50~100만원	150,523	32.8	347,310	24.7
100~500만원	132,474	28.8	503,483	365.9
500~1000만원	15,862	3.4	152,236	10.8
1000만원 이상	4,294	0.9	118,160	8.4
합계	459,252	100.0	1,403,638	100.0

〈표 23〉 음식점업 시도별 현황(2015)

구분	사업체수	사업체수 비중	종사자수	매출액	업체당 매출액	1인당 매출액
전국	635.7	100	1,824.2	79,579.6	125.1	43.6
서울	116.8	18.4	409.1	19,559.5	167.4	47.8
부산	47.1	7.4	135.7	5,921.2	125.6	43.6
대구	31.4	4.9	84.8	3,513.7	112.0	41.5
인천	29.8	4.7	85.1	3,845.9	128.9	45.2
광주	17.1	2.7	50.3	2,163.1	126.3	43.0
대전	18.3	2.9	54.2	2,559.1	140.0	47.2
울산	16.1	2.5	42.9	2,043.7	126.9	47.6
세종	1.6	0.2	4.1	185.2	116.7	44.7
경기	126.7	19.9	387.3	17,754.4	140.1	45.8
강원	29	4.6	68.8	2,521.8	86.9	36.7
충북	22.7	3.6	56.4	2,227.0	98.0	39.5
충남	28.2	4.4	71.8	3,056.2	108.3	42.6
전북	22.7	3.6	60.2	2,202.3	96.9	36.6
전남	25.6	4.0	60.7	2,262.0	88.5	37.3
경북	41.8	6.6	95.6	3,788.9	90.6	39.6
경남	49.9	7.8	125.4	4,906.1	98.3	39.1
제주	10.8	1.7	31.7	1,039.6	96.5	32.8

〈표 24〉 프랜차이즈 산업 주요 3개국 현황

구분	한국(2015년)	일본(2012년)	미국(2010년)
가맹본부 수	3,482	1,281	2,300
가맹점 수	207,068	240,000	767,000
매출액(년)	약 102조	약 22조 287억 엔	1조 달러
고용인원	124만	200~300만	1,740만
외식업 비중	본부 72% 가맹점 44%	외식업 17.5% (매출기준) 외식업 41.8% (본부기준)	외식업 42% 패스트푸드 31%

〈표 25〉 외식 프랜차이즈 현황

구분	외식가맹 본부 수	전체가맹 본부 수	외식가맹점 수	전체가맹점 수
2011	1,309(64%)	2,042	60,268(40.5%)	148,719
2012	1,598(66.4%)	2,405	68,068(39.8%)	170,926
2013	1,810(67.5%)	2,678	72,903(41.3%)	176,788
2014	2,089(70.3%)	2,973	84,046(44.1%)	190,730
2015	2,251(72.4%)	3,482	88,953(45.8%)	194,199

〈표 26〉 국내 프랜차이즈 현황(2015 기준)

가맹본부	가맹점
외식업 72%	외식업 46%
서비스업 19%	서비스업 31%
도·소매업 9%	도·소매업 23%

〈표 27〉 국내 프랜차이즈 현황(2015 기준)

년도	가맹본부 수	가맹브랜드 수	직영점 수	가맹점 수
2010년	2,042	2,550	9,477	148,719
2015년	3,482	4,288	12,869	194,199

〈표 28〉 국내 프랜차이즈 업종별 브랜드 수(단위:개)

년도	전체	외식업	서비스업	도소매업
2011년	2,947	1,942	593	392
2012년	3,311	2,246	631	434
2013년	3,691	2,263	743	325
2014년	4,288	3,142	793	353

〈표 29〉 국내 외식 프랜차이즈 가맹점 수(단위:개)

치킨	한식	주점	피자·햄버거
22,529	20,119	10,934	8,542
커피전문점	제빵·제과	분식·김밥	일식·서양식
8,456	8,247	6,413	2,520

〈표 30〉 외식 업종별 신생률(단위:%)

업종	수도권				비수도권
	서울	인천	경기	평균	
한식음식점	7.6	8.1	7.9	**7.8**	7.1
중식음식점	7.5	5.4	8.4	**7.7**	5.3
일식음식점	10.7	6.5	11.1	**10.5**	9.0
경양식음식점	9.9	13.6	11.8	**10.6**	10.8
패스트푸드점	9.4	10.9	12.1	**10.8**	13.4
치킨전문점	10.2	10.8	10.7	**10.5**	10.9
분식음식점	6.4	11.5	11.3	**8.5**	9.9
주점	9.6	8.4	10.2	**9.7**	8.0
커피숍	20.7	22.1	24.7	**22.5**	20.0

〈표 31〉 업종별 활동업체수 증감률(단위:%)

업종	수도권				비수도권
	서울	인천	경기	평균	
한식음식점	-1.3	-0.5	-1.1	**-1.1**	-0.4
중식음식점	0.1	-2.1	0.2	**-0.1**	-1.6
일식음식점	3.3	0.6	3.4	**3.1**	3.3
경양식음식점	1.6	5.7	3.5	**2.3**	2.0
패스트푸드점	-0.7	4.0	5.3	**2.4**	7.0
치킨전문점	1.4	0.9	2.9	**2.1**	3.8
분식음식점	-3.4	0.7	1.4	**-1.4**	1.9
주점	-0.3	0.2	0.9	**0.3**	1.2
커피숍	15.1	20.8	20.7	**18.0**	13.1

〈표 32〉 업종별 5년 생존율(단위:%)

업종	수도권				비수도권
	서울	인천	경기	평균	
한식음식점	55.4	57.0	56.4	**56.0**	61.7
중식음식점	63.5	69.6	61.4	**63.1**	72.2
일식음식점	59.5	50.0	57.3	**58.2**	68.0
경양식음식점	61.4	48.7	59.3	**60.5**	61.2
패스트푸드점	53.0	69.4	60.4	**58.2**	63.9
치킨전문점	61.9	54.7	59.8	**60.0**	63.4
분식음식점	49.9	54.0	49.8	**50.4**	58.0
주점	59.0	63.9	58.2	**59.1**	65.7
커피숍	57.4	64.8	48.7	**54.5**	51.6

〈표 33〉 수도권 업종별 생존기간 10년 미만 비율

업종	수도권(%)				비수도권(%)
	서울	인천	경기	평균	
한식음식점	53.9	50.4	56.7	**54.9**	45.9
중식음식점	47.3	45.2	53.7	**49.9**	37.5
일식음식점	63.5	46.4	62.2	**61.7**	54.0
경양식음식점	59.4	64.5	64.7	**61.2**	56.7
패스트푸드점	78.2	73.8	69.4	**73.7**	62.6
치킨전문점	68.5	69.7	71.6	**70.3**	66.5
분식음식점	43.6	65.7	64.3	**52.7**	57.0
주점	58.8	52.0	61.3	**59.1**	55.3
커피숍	86.5	76.2	84.4	**84.5**	70.3

〈표 34〉 업종별 상주인구기준 포화도 상위 지역

업종	서울	인천	경기
한식음식점	중구(3.6)	옹진군(2.1)	가평군(3.5)
중식음식점	중구(3.5)	중구(2.3)	가평군(2.8)
일식음식점	중구(3.8)	강화군(1.9)	평택시(2.9)
경양식음식점	종로구(2.9)	중구(2.0)	포천시(3.0)
패스트푸드점	강남구(4.7)	중구(1.5)	가평군(3.6)
치킨전문점	중구(2.4)	동구(1.6)	연천군(2.7)
분식음식점	종로구(3.3)	동구(1.9)	연천군(4.0)
주점	마포구(2.4)	부평구(1.3)	구리시(2.5)
커피숍	중구(3.9)	강화군(1.8)	연천군(3.2)

<표 35> 2015년 활동업체 현황(단위:개,%)

| | | 전국 | 수도권 | | | | 비수도권 |
			서울	인천	경기	평균	
한식 음식점	개수	289,358	53,092	11,408	58,235	**122,735**	166,623
	증감	-2,015	-680	-56	-623	**-1,359**	-656
	증감률	-0.7	-1.3	-0.5	-1.1	**-1.1**	-0.4
중식 음식점	개수	21,428	4,030	999	3,970	**8,999**	12,429
	증감	-218	4	-21	6	**-11**	-207
	증감률	-1.0	0.1	-2.1	0.2	**-0.1**	-1.6
일식 음식점	개수	12,784	4,844	645	2,499	**7,988**	4,796
	증감	394	155	4	82	**241**	153
	증감률	3.2	3.3	0.6	3.4	**3.1**	3.3
경양식 음식점	개수	27,023	9,463	575	4,141	**14,179**	12,844
	증감	568	148	31	139	**318**	250
	증감률	2.1	1.6	5.7	3.5	**2.3**	2.0
패스트 푸드점	개수	8,283	1,738	366	1,837	**3,941**	4,342
	증감	378	-13	14	93	**94**	284
	증감률	4.8	-0.7	4.0	5.3	**2.4**	7.0
치킨 전문점	개수	36,895	5,745	1,987	8,966	**16,698**	20,197
	증감	1,085	80	18	250	**348**	737
	증감률	3.0	1.4	0.9	2.9	**2.1**	3.8
분식 음식점	개수	41,454	12,075	2,094	7,171	**21,340**	20,114
	증감	73	-423	15	102	**-306**	379
	증감률	0.2	-3.4	0.7	1.4	**-1.4**	1.9
주점	개수	65,775	12,396	3,908	13,941	**30,245**	35,530
	증감	512	-39	6	120	**87**	425
	증감률	0.2	-0.3	0.2	0.9	**0.3**	1.2
커피숍	개수	50,270	11,055	2,446	9,712	**23,213**	27,057
	증감	6,666	1,453	421	1,664	**3,538**	3,128
	증감률	15.3	15.1	20.8	20.7	**18.0**	13.1

〈표 36〉 국내 주요 50개 외식업체 2016년 실적

	법인명	대표브랜드	매출액		
			2016년	증감률	2015년
1	파리크라상	파리바게뜨	1,777,178,739,028	2.86%	1,727,743,711,101
2	CJ푸드빌	빕스	1,250,423,221,494	3.66%	1,206,274,856,583
3	스타벅스코리아	스타벅스	1,002,814,318,251	29.58%	773,900,207,510
4	롯데GRS	롯데리아	948,881,502,698	-1.17%	960,107,706,719
5	이랜드파크	애슐리	805,448,929,846	11.06%	725,259,064,288
6	농협목우촌	또래오래	539,706,247,053	06.05%	574,447,698,787
7	비알코리아	던킨도너츠	508,589,410,709	-2.24%	520,244,187,126
8	교촌에프앤비	교촌치킨	291,134,570,511	13.03%	257,568,343,023
9	비케이알	버거킹	253,165,340,964	-9.10%	278,519,490,955
10	제너시스BBQ	BBQ	219,753,548,128	1.80%	215,859,733,466
11	청오디피케이	도미노피자	210,258,669,230	7.61%	195,397,386,682
12	해마로푸드서비스	맘스터치	201,871,094,029	35.82%	148,630,305,769
13	에스알에스코리아	KFC	177,025,154,533	1.32%	174,724,909,649
14	더본코리아	새마을식당	174,871,404,102	41.18%	123,861,782,375
15	본아이에프	본죽	161,915,426,742	12.99%	143,298,606,904
16	이디야	이디야커피	153,544,611,986	13.30%	135,521,376,709
17	지앤푸드	굽네치킨	146,963,838,585	49.35%	98,403,070,608
18	커피빈코리아	커피빈	146,020,774,483	5.10%	138,938,692,307
19	할리스에프앤비	할리스커피	128,620,870,080	18.45%	108,584,230,041
20	놀부	놀부부대찌개	120,371,880,274	0.61%	119,644,883,536
21	엠피그룹	미스터피자	97,057,713,543	-12.03%	110,334,442,101
22	한솥	한솥도시락	93,450,170,833	8.69%	85,977,883,670
23	탐앤탐스	탐앤탐스	86,904,811,559	-2.09%	88,763,650,721
24	아모제푸드	카페아모제	77,709,476,186	-10.79%	87,021,856,784
25	카페베네	카페베네	76,579,195,280	-30.45%	110,110,201,113
26	토다이코리아	토다이	75,712,432,549	1.81%	74,366,111,820
27	원앤원	원할머니보쌈	75,335,571,616	-1.76%	76,685,431,644
28	디딤	신마포갈매기	65,752,103,510	6.20%	61,915,832,179
29	엔티스	경복궁	64,214,566,518	0.04%	64,191,883,374
30	진한	강강술래	62,605,427,065	16.76%	53,617,791,947

	법인명	대표브랜드	영업이익		
			2016년	증감률	2015년
1	파리크라상	파리바게뜨	66,466,341,645	-2.83%	68,401,992,788
2	CJ푸드빌	빕스	7,612,835,874	-27.61%	10,515,825,667
3	스타벅스코리아	스타벅스	85,263,869,944	80.87%	47,141,285,776
4	롯데GRS	롯데리아	19,265,680,668	43.52%	13,423,529,274
5	이랜드파크	애슐리	-13,042,395,296	적자지속	-18,567,855,117
6	농협목우촌	또래오래	2,388,904,185	-43.58%	4,234,412,263
7	비알코리아	던킨도너츠	40,507,512,902	-21.78%	51,789,190,475
8	교촌에프엔비	교촌치킨	17,697,273,857	16.81%	15,150,420,135
9	비케이알	버거킹	10,753,419,177	-11.41%	12,138,378,984
10	제너시스BBQ	BBQ	19,119,575,719	37.65%	13,889,867,948
11	청오디피케이	도미노피자	26,148,974,238	14.85%	22,763,349,909
12	해마로푸드서비스	맘스터치	17,257,002,377	93.95%	8,897,630,011
13	에스알에스코리아	KFC	-12,262,188,782	적자전환	2,519,865,023
14	더본코리아	새마을식당	19,762,485,462	80.08%	10,974,482,886
15	본아이에프	본죽	9,643,020,060	108.54%	4,624,133,933
16	이디야	이디야커피	15,785,054,983	-3.36%	16,333,174,813
17	지앤푸드	굽네치킨	14,074,334,840	150.02%	5,629,268,870
18	커피빈코리아	커피빈	6,415,508,347	63.97%	3,912,507,369
19	할리스에프앤비	할리스커피	12,733,558,418	85.71%	6,856,590,390
20	놀부	놀부부대찌개	4,471,311,917	71.67%	2,604,572,263
21	엠피그룹	미스터피자	-8,906,726,136	적자지속	-7,258,907,426
22	한솔	한솔도시락	7,537,969,650	-3.90%	7,844,235,483
23	탐앤탐스	탐앤탐스	2,361,398,129	-46.33%	4,399,702,445
24	아모제푸드	카페아모제	-691,750,183	적자지속	-514,452,289
25	카페베네	카페베네	-554,827,454	적자지속	-4,381,991,762
26	토다이코리아	토다이	1,890,163,061	-34.38%	2,880,632,811
27	원앤원	원할머니보쌈	1,906,415,161	28.04%	1,488,921,918
28	디딤	신마포갈매기	5,531,547,756	109.18%	2,644,406,000
29	엔티스	경복궁	3,495,529,796	6.93%	3,268,846,170
30	전한	강강술래	6,253,723,716	156.51%	2,438,038,325

	법인명	대표브랜드	당기순이익		
			2016년	증감률	2015년
1	파리크라상	파리바게뜨	55,101,759,875	6.56%	51,707,226,710
2	CJ푸드빌	빕스	5,213,030,763	흑자전환	-7,399,515,626
3	스타벅스코리아	스타벅스	65,250,646,249	130.68%	28,286,458,919
4	롯데GRS	롯데리아	-11,328,471,862	적자지속	-57,188,774,814
5	이랜드파크	애슐리	-80,415,701,255	적자전환	3,259,340,450
6	농협목우촌	또래오래	176,061,903	-96.06%	4,474,241,678
7	비알코리아	던킨도너츠	35,748,612,156	-17.04%	43,090,305,701
8	교촌에프앤비	교촌치킨	10,333,269,262	48.13%	6,975,624,101
9	비케이알	버거킹	8,041,478,568	-6.98%	8,644,484,103
10	제너시스BBQ	BBQ	5,622,355,657	-25.79%	7,575,978,570
11	청오디피케이	도미노피자	20,886,060,816	15.86%	18,027,199,494
12	해마로푸드서비스	맘스터치	9,295,865,326	52.53%	6,094,487,395
13	에스알에스코리아	KFC	-18,989,243,531	적자전환	1,239,410,933
14	더본코리아	새마을식당	19,246,938,573	176.53%	6,960,110,664
15	본아이에프	본죽	6,541,937,183	666.68%	853,282,435
16	이디야	이디야커피	11,157,627,325	-14.73%	13,085,209,896
17	지앤푸드	굽네치킨	9,051,485,230	98.68%	4,555,730,841
18	커피빈코리아	커피빈	4,274,213,864	68.04%	2,543,614,329
19	할리스에프앤비	할리스커피	9,112,688,828	97.97%	4,603,109,833
20	놀부	놀부부대찌개	34,729,365	흑자전환	-1,185,695,358
21	엠피그룹	미스터피자	-13,169,290,522	적자지속	-5,685,686,269
22	한솥	한솥도시락	5,937,412,411	-6.94%	6,379,860,772
23	탐앤탐스	탐앤탐스	-2,700,843,324	적자전환	1,006,075,983
24	아모제푸드	카페아모제	-2,894,719,809	적자지속	-2,831,863,842
25	카페베네	카페베네	-24,199,662,544	적자지속	-33,998,615,819
26	토다이코리아	토다이	-302,769,030	적자전환	60,192,423
27	원앤원	원할머니보쌈	1,050,809,166	-46.68%	1,970,922,444
28	디딤	신마포갈매기	3,882,856,783	206.73%	1,265,883,943
29	엔티스	경복궁	870,450,996	62.51%	535,619,685
30	전한	강강술래	4,044,752,337	204.26%	1,329,361,651

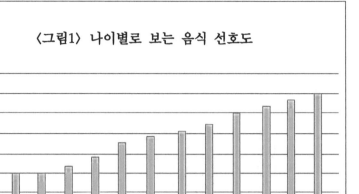

〈그림1〉 나이별로 보는 음식 선호도

〈표 37〉 외식장소 선택기준

연도	식당 선택기준
1985년	가격, 맛, 위생
1990년	맛, 청결, 가격
1995년	맛(87.1%), 서비스(4.6%), 분위기(4.4%)
2000년	맛(77%), 서비스(37.4%), 분위기(32.7%)
2005년	맛(72.3%), 가격(15.5%), 양(4.4%)
2010년	맛(71.2%), 분위기(10.2%), 교통(8.4%)
2015년	맛(82.6%), 분위기(25.2%), 교통(21.3%)
2017년	맛(77.3%), 분위기(7.1%), 가까운 위치와 교통(6.8%)

〈표 38〉 상권별 특징

구분	특징
오피스	- 말, 저녁 공백. - 직장인 상권의 경우 짧은 이동을 선호하는 경향이 강하여 어디에 입지하는가가 중요함. - 따라서 오피스 이면 유동인구가 많은 곳이 상대적으로 유리. - 직장인을 목표시장으로 하는 만큼 규모를 크게 하고 현대화된 환경으로 창업하는 것이 유리.
역세권	- 영업시간이 상대적으로 길고 자영업자의 피로도가 큼. - 24시간 성황, 주말 유입인구가 크고 업종이 다양하며 유흥성향이 상대적으로 강한 상권 곱창전문점은 B급지에 입지하는 것이 적당,
대학가	- 찾아다니며 소비하는 성향이 강해 상권이 넓게 형성. 따라서 입지 선택의 여건이 상대적으로 양호.
주택가	- 평일 공백 - 가족단위 소비자를 유입할 수 있는 환경을 구축하는 것이 필요
전문 쇼핑가	- 업종별 군집형태로 상권 발달 - 쇼핑가 자영업자를 목표시장으로 전문상가 인근에 입지

〈표 39〉 보쌈전문점 최적의 상권입지

적합상권 유형		장·단점
제1후보지 주택가 진입로변상권	장점	보쌈전문점 주 수요층의 접근성이 좋은 대단위 주택가 진입로 변 1층 매장이 가장 적합하다.
	단점	주택가 상권의 경우 직장인 수가 적다. 점심 매출이 기대만큼 나오지 않을 수 있다.
제2후보지 아파트 주거지역	장점	거주밀집지역의 틈새상권도 좋다. 배달을 전문으로 하는 소규모 업체라면 적극 추천한다.
	단점	틈새 입지개발이 쉬운 일이 아닌 만큼 단골을 만들기 위한 노력이 필요하다.
제3후보지 역세권, 오피스밀집 상권	장점	직장인 유동인구가 많은 역세권이나 오피스밀집상권, 먹자상권은 어떤 아이템이 들어가도 반은 먹고 들어갈 수 있다.
	단점	보증금, 월세, 권리금이 높아 매출은 높으나 수익성이 떨어질 수 있다.

〈표 40〉 장어전문점의 최적 상권입지

제1후보지 사무실 밀집지역 및 도심 오피스상권 먹자골목		제2후보지 도심외곽 관광지 및 강변상권		제3후보지 주택가로 이어지는 대로변	
장점	단점	장점	단점	장점	단점
주택가 상권보다는 관공서 주변상권과 회식 수요가 있는 사무실 밀집지역이 적합하다. 30~50대 남성들의 분포가 많은 지역이라 장어의 수요가 많다.	직장인들을 대상으로 하는 저렴한 가격의 점심메뉴를 개발해야 한다. 주5일 근무로 주말매출이 저조할 수 있다.	장어 전문점은 보양식품이라는 인식이 크기 때문에 도심 한가운데보다 외곽지역에서 장어를 찾는 사람들이 많다. 임진강 일대, 고창 선운사 일대, 남양주 운길산역 일대가 장어타운이 형성된 이유다.	주말고객층과 평일고객층의 편차가 크다는 점이다. 수도권 상권의 경우 평일 접근성이 높은 지역 선정이 중요하다.	장어전문점 특성상 주택가 진입로 대로변 매장이 관건이다. 눈에 띄는 입지가 목적 구매고객을 공략할 수 있다.	평일 낮 매출을 담보하기 어렵다. 주부들의 계모임이나 동네의 크고 작은 행사를 유치하는 등 매출증대를 위한 전략을 세울 필요가 있다.

〈표 41〉 갈비 전문점의 최적의 상권입지

적합상권 유형		장·단점
제1후보지 (대단위 아파트 상권 내 외식상권)	장점	갈비 전문점의 주 수요층이라고 할 수 있는 주부·가족단위고객을 공략하는 데는 1만 세대 이상이 거주하는 아파트상권이 적합하다
	단점	아파트상권의 경우 분양가 거품으로 인해 점포임대가가 높기 때문에 자칫 투자 수익률이 떨어질 수 있는 위험성이 있다.
제2후보지 (주택가상권 대로변 입지)	장점	갈비 전문점은 대형화 전문화 바람을 타고 있는 아이템이다. 가시성과 접근성이 좋은 주택가 상권 진입로 대로변을 추천한다. 대형매장을 공략한다면 지역의 랜드마크 역할을 하면서 안정 수익을 확보할 수 있다.
	단점	대형 매장의 경우 점포구입비와 점포 시설투자비가 높다. 초기투자 비용이 상당하므로 쉽사리 진행하기 어렵다.
제3후보지 (역세상권 내 먹자골목)	장점	지속적인 안정 수요층을 확보하는 데는 역세상권의 먹자골목도 나쁘지 않다.
	단점	먹자골독 내의 경쟁점포가 많기 때문에 자칫 먹자골목 경쟁우위를 점유하지 못한다면 상권 내 경쟁구도에서 밀려날 수 있는 위험성이 높다.

〈표 42〉 닭갈비 전문점, 대학가·먹자골목 최적의 상권 입지

적합상권 유형		장·단점
제1후보지 (지하철역 인근 먹자골목)	장점	지하철역 인근 먹자골목이나 중심상가 이면도로는 닭갈비 전문점의 최적 입지다. 내부가 들여다보이는 1층 매장이면 더욱 좋다. 우선 유동인구가 많고, 저녁모임이 많이 이루어지는 곳이라 소모임이나 회식수요가 많다.
	단점	주 영업시간이 밤이기 때문에 늦은 시간까지 영업을 해야 한다. 체력이 뒷받침되지 않으면 운영에 차질을 빚을 수 있다.
제2후보지 (대학가 주변)	장점	닭갈비에 대한 선호도가 가장 높은 계층이 모이는 지역이다. 맛과 서비스에 관리를 잘하면 단골손님 확보가 용이하다.
	단점	점포 구입단계에서 투자비용이 높다. 물건을 구하기도 쉽지 않다. 어설프게 접근하면 손해만 볼 확률이 높다.
제3후보지) (사무실주변 유동인구 많은 곳)	장점	직장인들의 모임 장소로 콘셉트를 잡는 게 중요하다. 점심메뉴를 개발해 점심영업을 기대 할 수 있다.
	단점	주말 매출을 기대하기 어렵다. 저녁 매출이 중요한 업종이지만, 퇴근시간대 매출이 생각만큼 나오지 않을 가능성도 있다.

관통도로와 교통량에 따른 매출

관통도로란 시 경계선에서 시내와 시외를 연결하는 주요 도로를 말한다. 적은 자본으로 음식 장사로 한몫 잡고 싶다면 이들 관통도로의 교통량을 분석하는 것이 좋다. 국내에는 도시 크기가 매우 크고 근처에 거대 위성 도시를 끼고 있어도 관통도로에 하루 20만대가 넘는 교통량을 보이는 지역이 없다. 그럼 관통 도로의 교통량이 대강 어느 정도이면 음식점의 장사가 잘되는 것일까?

교통량이 많이 발생하는 관통 도로에는 도로를 따라 여러 개의 핵심 상권이 자생하고 있다. 음식점을 이 핵심 상권에 입점시키는 것도 좋은 방법이지만 건물 임대료가 비싸다. 이럴 경우에는 교통량을 믿고 대로변에 음식점을 입점시키는 것도 생각해볼 만하다. 남태령 고개를 예로 들어보면, 남태령 고개는 경기도 과천과 서울 사당동을 연결하는 고개 이름이다. 이 고개를 따라 서울 방향으로 발전한 상권이 사당동 역세권이다. 그 밑으로는 방배동 상권이 있다. 예전에는 시계를 연결하는 단순한 도로에 불과했으나 서울 외곽에서 서울 시내로 출퇴근하는 사람들이 많아지면서 사당동은 대형 상권으로 발전하였다.

관통 도로와 같은 대로변에 음식점을 입점시킬 때는 하루 평균 5만 대 정도의 교통량이 발생하는 도로로 생각해볼 만하다. 5만 대 수준이면 대강 맛이 있거나 분위기가 있는 요식업소라면 매출이 일정 이상으로 발생한다.

그렇다면 교통량 계산은 어떻게 하나? 어떤 한 지점의 교통량은 일반적으로 출근이 시작되는 아침 7시를 전후로 해서 늘어나기 시작한 뒤 8시부터 9시 사이가 그날의 최고 피크 타임이 된다. 그런 뒤 교통량이 일정 수준으로 계속 유지되다가 오후 퇴근 시간이 되자 교통량이 다소 늘어났다가 새벽 1시면 현저하게 줄어든다는 공통점이 있다.

즉 아침 9시대에 피크를 이루고 점심을 전후로 약간씩 줄어들었다가 저녁 퇴근 시간대에 다시 피크를 이룬 뒤 새벽 1시까지 천천히 감소하다가 새벽 1시를 넘으면 현저하게 줄어든다. 이로 인해 아침 피크 시간대의 교통량과 교통량이 제일 적은 새벽 4시경의 교통량은 3배에서 5배 정도의 차이가 발생한다.

교통량 조사 방식

관통 도로에서의 교통량은 오전(07~09시), 점심(11~14시), 퇴근 시간(17~19시) 사이에 측정한다. 새벽 1시부터 아침 7시까지의 교통량은 피크 타임의 3분의 1로 계산한 후 평균을 잡으면 하루 교통량의 윤곽이 대강 잡힌다.

일반적으로 주거 지역에서는 21시~23시 사이에 교통량이 점차 줄어들지만, 심야 영업이 활발한 지역은 21시~23시경에 다소 교통량이 늘어나는 특징을 가지고 있다. 따라서 술집을 창업하려면 그 지역(먹자골목 등)의 밤 21시부터 23시까지의 교통량을 측정하는 것이 좋다. 만일 21시를 기준으로 시간당 교통량의 유입 유출 합계가 3천대 이상이라면 그 지역은 심야 상권이 활발한 지역이라고 볼 수 있다.(밤 9시부터 10시까지 3천대 이상의 유동량을 보이는 도로라면 그 도로는 교통 정체가 상당히 심한 도로라고 말할 수 있다.)

⟨표 43⟩ 서울의 관통 도로 교통량

도로 명	교통량(대)
양재대로	약 13만
시흥대로	약 12만
하일동	약 10만
남태령	약 9만
통일로	약 9만
도봉로	약 7만 9천
망우리	약 7만 7천
복정 검문소	약 6만
서하남	약 6만
서오릉	약 4만

창업할 수 있는 외식업 종목

한정식 전문점/ 산채요리 전문점/나물요리 전문점/ 약선요리 전문점/ 궁중요리 전문점/ 사찰음식 전문점/ 한식당/ 한식배달 전문점/ 생선구이백반 전문점/ 연탄구이백반 전문점/ 우렁된장 전문점/ 대통밥 전문점/ 중화요리 전문점/ 중화요리 뷔페/ 테이크아웃 중화요리 전문점/ 중화요리 패밀리 레스토랑/ 기사식당/ 5,000원 기사식당/ 돼지김치찌개 전문 기사식당/ 해물탕 전문 기사식당/ 연탄구이 기사식당/ 일식집/ 활어횟집/ 장어 전문점/ 초밥 전문점/ 퓨전초밥 전문점/ 회전초밥 전문점/ 일본음식 전문점/ 보쌈 전문점/ 부대찌개 전문점/ 수제 부대찌개 전문점/ 빈대떡 전문점/ 족발 전문점/ 닭갈비 전문점/ 찜닭 전문점/ 바비큐 치킨 전문점/ 통닭 전문점/ 닭볶음탕 전문점/ 삼계탕 전문점/ 죽 전문점/ 덮밥 전문점/ 비빔밥 전문점/ 돌솥밥 전문점/ 가마솥밥 전문점/ 철판볶음밥 전문점

참치회 전문점/ 꽃게탕 전문점/ 해물탕 전문점/ 민물새우 전문점/ 낙지요리 전문점/ 랍스타 전문점/ 조개구이 전문점/ 꼬치구이 전문점/ 밴댕이요리 전문점/ 올갱이국 전문점/ 돼지갈비 전문점/ 삼겹살 전문점/ 생고기 전문점/ 연탄불고기 전문점/ 화로 숯불고기 전문점/ 한우 전문점/ 떡볶이 전문점/분식 전문점/ 만두 전문점/ 즉석김밥 전문점/ 카레요리 전문점/ 수제어묵 전문점/ 수제 햄버거 전문점/ 수제핫도그 전문점/ 호두과자 전문점/ 왕만두 전문점/ 멸치국수 전문점/ 잔치국수 전문점/ 회국수 전문점/ 막국수 전문점/ 우동 전문점/ 라면 전문점/ 칼국수 전문점/ 손칼국수 전문점/ 콩칼국수 전문점/ 바지락 칼국수 전문점/ 수제비 전문점/ 닭수제비 전문점/ 퓨전음식 전문점/ 일식돈가스 전문점/ 바비큐 전문점/ 샤브샤브 전문점/ 버섯요리 전문점/ 두부요리 전문점/ 두루치기 전문점/ 보리밥 전문점/ 쌈밥 전문점/ 떡갈비 한정식 전문점

추어탕 전문점/ 매운탕 전문점/ 동태탕 전문점/ 감자탕 전문점/ 영양탕 전문점/ 오리요리 전문점/ 설렁탕 전문점/ 해장국 전문점/ 뼈다귀 해장국 전문점/ 콩나물 해장국 전문점/ 소해장국 전문점/ 카페/ 락카페/ 북카페/ 룸카페/ 커피숍/ 룸커피숍/ 테이크아웃 커피 전문점/ 보드게임 카페/ 막걸리 전문점/ 연탄불 생선구이 주점/ 일본식 주점/ 퓨전 주점/ 연탄불 안주 주점/ 철판요리 주점/ 포차 주점/ 맥주 전문점/ 세계맥주 전문점/ 호프 전문점/ 소주방/ 단란주점/ 룸살롱/ 노래방/ 비즈니스 바/ 웨스턴 바/ 칵테일 바/ 마술쇼 바/ 모던 바/ 클럽/ 제과점/ 떡 전문점/ 피자 전문점/ 파스타 전문점/ 스파게티 전문점/ 이태리요리 전문점/ 프랑스요리 전문점/ 터키요리 전문점/ 베트남쌀국수 전문점/ 양꼬치 전문점/ 말고기 전문점/ 북한음식 전문점/ 외국음식 전문점/ 패스트푸드/ 패밀리 레스토랑/ 샐러드 레스토랑/ 해물 뷔페/ 고기 뷔페/ 가든형 음식점/ 반찬집/ 1만원 고기안주 주점/ 1만원 해산물안주 주점/ 무한리필 안주 주점/ 무한리필 음식 전문점/ 무한 토핑 주점

〈표 44〉 추정소요자금 계획

과목	금액	비고
1. 매출액	0	서비스매출 + 상품매출
1) 서비스	0	(서비스매출)
2) 상품매출	0	(상품 또는 음식 판매 매출)
2. 매출원가	0	상품의 원가
3. 매출이익	0	매출액 - 매출원가
4. 판매관리비	0	
1) 급료	0	직원급여, 사업자급여
2) 복리후생비	0	직원복리후생, 4대보험, 식대 등
3) 임차료	0	임차료
4) 수도광열비	0	전기세, 수도세, 가스 등
5) 통신료	0	전화, 인터넷, 휴대폰
6) 수수료	0	세무대행료, 신용카드 수수료, 정수기, POS 등
7) 소모품비	0	1회용품, 청소용품, 주방용품
8) 감가상각비	0	취득원가-잔존가치/내용연수
9) 광고비	0	전단지, 홍보비 등
10) 기타경비	0	
5. 영업이익	0	매출이익 - 판매관리비
6. 영업외 비용	0	
1) 지급이자	0	대출금은행이자
7. 영업외 수익	0	이자수익 등
8. 경상이익	0	영업이익 - 영업외비용 + 영업외수익
9. 세전순이익	0	경상이익 - 특별손실 + 특별이익
10. 세금	0	1년 부가가치세, 소득세/12개월
11. 순손익	0	세전순이익 - 순이익

매출액 추정과 투자 수익률 분석
매출액 추정 방법
1개월 동안의 수익 X 12개월 = 적정 권리금
월 매출액
통행인구수 X 내점률 X 1인구매단가(객단가) X 월간 영업일수

〈표 45〉 투자수익률 및 투자회수기간 판단 기준

사업성 판단기준	투자수익률	투자비회수기간
매우 우수	4.3% 이상	2년 이내 회수
우수	3~4.2%	2~3년 회수
보통	2.2~3%	3~4년 회수
불량	2.1% 미만	4년 이상 회수

〈표 46〉 입지 후보지 선정

1	업종(목적)분석	아이템의 소비시간, 소비수준, 소비층, 소비행동, 경쟁점, 보완점을 분석한다.
2	유사업종군집화	소비패턴과 소비특성 등이 유사한 업종을 군집화 한다.
3	1차 지역선정	군집화된 업종의 환경 조사
4	적합도 분석	상권과 업종의 적합도와 경쟁점과 보완점을 조사 한다.
5	2차 후보지선정	적합도가 높으며, 임대조건 등이 좋은 지역 선정
6	변화요인 분석	도시계획, 공급률 등을 조사하여 미래변화요인을 조사한다.
7	타당성 분석	추정손익, 투자대비, 수익률 등 사업타당성을 분석 한다.
8	최종	최종 결정

〈표 47〉 환경 분석(3C 분석)

3c	분석 내용	전략 방향
Customer	- 상권 반경 1km 내 - 배후세대를 주택가로 두고 있는 2종 근린생활 상권 - 30~40대 매니아층, 가족 수요 상존 - 31,500세대, 88,700명(주택 80%)	양질의 제품 확보 정당한 가격 정책
Company	- 기능적 능력의 확보 - 공급자 확보 - 20년 이상 거주로 잠재 수요 확보	제품의 질 유지
Competitor	- 경쟁점포 7개소(곱창 6, 양구이 1) - A급 경쟁점포 1개 - 경쟁점 대비 차별화 요소 약함 - 기존 점포의 고객 충성도 높음	양심의 제품 공급과 마케팅으로 새로운 맛집으로 부상

〈표 48〉 사업 방향의 설정

구분	사업 방향 설정
목표고객	- 상권 내 30~40대 - 배후세대 가족 고객
핵심경쟁력	- 기술적 능력 - 양질의 제품에 대한 지속적인 제공능력
실행방안	- 독산동 내장 도매상과의 협업 - 블로그 운영 - 스토리텔링에 의한 고객충성도 고취
업종현황 및 전망	- 공급이 한정적이고 손질에 어려움이 있는 반면, 매니아층을 중심으로 수요가 꾸준하여 향후 전망 또한 안정적임.

〈표 49〉 시설계획

인테리어 컨셉	-젠 스타일 추구로 유행을 타지 않으면서 안정감 추구 -가족 고객을 위한 편안한 테이블 셋팅 -배연 시설에 중점			
시설 계획	-동선을 고려한 설계 -주방면적, 홀 면적, 테이블 수, 마감재 기재 철거, 목공, 전기, 조명, 마감 계획의 구체화 -간판 디자인			
시설 자금	품명	수량(m²)	3.3m² 당 단가	금액
	인테리어(홀)	66	800,000	16,000,000
	인테리어(주방)	19	400,000	2,000,000
	잡기 비품 등			5,000,000
	간판 외			2,000,000
	합계			25,000,000

〈표 50〉 구매계획

구매전략	-독산동 내장 소매상 2곳 이상 확보 -세금계산서 수취가 가능한 식자재 업체 확보 -결제조건, 반품 조건 등을 명확히 함. -집기 비품 구매 목록표 작성					
	구입품명	**구입처**	**거래조건**	**연락처**	**금액**	**비고**
식자재	곱창, 양깃머리 외					
	식자재					
	주류					
집기/비품	주방 용품					
	홀 용품					

〈표 51〉 판매계획

	메뉴명	수량(g)	단가	금액(일)	비고
판매계획	곱창	200	15,454	772,700	부가세 별도
	양깃머리	200	20,000	200,000	
	곱창모둠	200	13,636	272,720	
	염통	200	9,090	45,450	
	간, 천엽		4,545	22,725	
	주류		2,727	149,985	
	합계			1,463,580	

〈표 52〉 원가계획

	원부자재	소요량(일)	구입단가	금액	비고
매출원가	곱창	1보			
	양깃머리	2kg			
	막창	1보			

〈표 53〉 인력 및 인건비 계획

직책	인원	급여	총액	비고
실장(주방/홀)	2	1,600,000	3,200,000	
직원(홀)	2	1,400,000	2,800,000	
보조(주방)	1	800,000	800,000	
합계	5	3,800,000	6,800,000	

〈표 54〉 소요자금 및 조달계획

구분		내역	금액	산출근거
소요자금	시설자금	임차보증금	40,000,000	임대차계약서
		권리금	20,000,000	권리양도계약서
		인테리어비	20,000,000	견적서
		집기 비품	5,000,000	견적서
		소계	85,000,000	
	운영자금	운영자금	25,000,000	매출계획의 약 65%
		소계	25,000,000	
	합계		110,000,000	
조달계획	자기자금	현금/예금	70,000,000	통장
		소계	70,000,000	
	타인자금	은행대출	10,000,000	
		정책자금	30,000,000	창업자금
		소계	40,000,000	
	합계		110,000,000	

〈표 55〉 손익계획

과목	금액		산출근거
1.매출액		39,516,000	매출계획(27일영업일)
2.매출원가		15,806,000	(40%)
3.매출이익		23,710,000	
4.일반관리비		13,875,000	(가~자 합계액)
가.급료	6,800,000		인력계획 참조
나.임차료	5,060,000		
다.관리비	600,000		
라.수도광열비	400,000		
마.통신비	50,000		
바.복리후생비	250,000		
사.광고선전비	100,000		
아.잡비	200,000		
자.잠가상각비	415,000		
5.영업이익		9,835,000	
6.영업외비용		100,000	
가.지급이자	100,000		약 25%
7.영업외수익			
8.경상이익		9,735,000	

〈표 56〉 곱창이야기 수익성

구분	15평(49.5m)	30평(99.1m)
테이블수	일일 2회 기준 테이블수X테이블단가40,000 ▶360,000X2회 ▶720,000	일일 2회 기준 테이블수18X테이블단가40,000 ▶720,000X2회 ▶1,440,000
예상매출	일일 2회 기준 테이블수X테이블단가40,000 ▶360,000X2회 ▶720,000	일일 2회 기준 테이블수18X테이블단가40,000 ▶720,000X2회 ▶1,440,000
예상월매출	영업일30X일매출→ 21,600,000	영업일수30X일매출→43,200,000

〈표 57〉 곱창이야기 창업비용

구분	15평	30평	내용
월매출	21,600,000	43,200,000	
매출원가	8,610,000	17,280,000	원재료+식자재+주류+야채류
건물임대료	2,600,000	4,000,000	임대료/관리비
인건비	4,000,000	7,000,000	15평 주방1 홀2 4,000,000 30평 주방1 홀4 7,000,000
전기,가스 공과금	1,000,000	2,000,000	전기,수도,가스,공과금 등
잡비	500,000	1,000,000	기타 소모품 및 식대
소계	16,140,000	31,280,000	
영업이익	5,460,000	11,920,000	원매출-지출경비(소계)

〈표 58〉 한식당 창업비용의 예

구분	내용	20평	30평	40평	50평	60평	70평
가맹비	브랜드 사용권, 지역독점부여권, 조리교육, OPEN지원 3일	500	500	500	500	500	500
교육비	경영, 조리, 매뉴얼제공, 본사 노하우제공, 조리교육 3일	200	200	200	200	200	200
인테리어	목공사, 전기공사, 설비공사, 도장공사, 유리, 도배, 주방, 바닥 시공, 조명, 덕트 등 일체포함	3,000	4,500	6,000	7,500	9,000	10,500
주방기기	냉장고 및 냉동고, 간택기, 육수냉장고, 싱크대,찬 냉장고, 작업대, 밥솥, 컵소독기, 스텐선반, 홀싱크대, 상부선반, 초벌대	37	37	37	37	37	37
주방 및 홀 집기	그릇 및 주방집기, 기물, 홀 집기, 앞치마, 전자레인지, 믹서기, 보온고 등	30	30	30	30	30	30
판촉 및 홍보	명함, 빌지패드, 라이터, 메뉴판, 전단지, OPEN현수막, 유니폼(홀, 주방), 오픈행사도우미 2명 외 등	250	250	250	250	250	250
본사지원품목	주류냉장고, 냉동고, 냉각기 및 주류비품 일체, 가스설비시공 (단, 도시가스 제외)						
창업자금지원	무이자, 무담보, 1,000만원부터 최고 5,000만원 까지 가능 (지역 상권, 평수에 따라 차이가 날 수 있음)						
합계		4,017	5,517	7,067	8,567	10,067	11,567

사업자등록증 발급을 위한 행정 절차	
권리금 산정방식	① 신규 위생교육 ② 보건증 발급 ③ 영업신고증 신청 ④ 사업자등록증 신청 ⑤ 보험 가입

〈표 59〉 일반음식점과 휴게음식점 비교

일반음식점	휴게음식점
음식물의 조리 및 판매와 더불어 음주행위가 허용되는 호프집, 한식, 경양식 등	음식물의 조리 및 판매는 가능하나 음주행위가 허용되지 않는 커피숍, 빵집 등

〈표 60〉 일반과세와 간이과세 비교

구분	일반과세사업자	간이과세사업자
매출액	연간매출액 4,800만원 이상	연간매출액 4,800만원 미만
납부세율	공급가액의 10% 부가가치세로 납부	업종별 부가세율을 고려한 세율부과(공급가액의 1.5~4%)
세액공제	매입세액 전액	매입세액의 15~40%
세금계산서	세금계산서 발행과 매입의 의무	세금계산서 발행 불가
예정고지 여부	예정신고기간에 대해 예정신고 또는 예정고지에 의한 징수 원칙	예정신고 및 예정고지 없음
비고		과세기간 매출액이 1,200만원 미만인 경우 부가가치세 면제

〈표 61〉 주요 소셜커머스 사이트 및 연락처

소셜커머스 업체	도메인	연락처
쿠팡	www.coupang.com	1577-7011
티켓몬스터	www.ticketmonster.co.kr	1544-6240
위메이크 프라이스	www.wemakeprice.com	1588-4763
그루폰코리아	www.groupon.kr	1661-0600
지금샵	www.g-old.co.kr	070-4077-4770
슈팡	www.soopang.co.kr	1600-2375
소셜비	www.sociabee.co.kr	1588-5908
달인쿠폰	www.dalincoupon.com	1666-9845

〈표 62〉 온라인마케팅의 하나인 소셜미디어 활용

		블로그	SNS	위키	UCC	마이크로 블로그
사용목적		정보공유	관계형성, 엔터테이 먼트	정보공유, 협업에 의한 지식 창조	엔터테이 먼트	관계형성, 정보공유
주체:대상		1:N	1:1 1:N	N:N	1:N	1:1 1:N
사용환경	채널 다양성	인터넷 의존적	인터넷환경, 이동통신환경	인터넷 의존적	인터넷 의존적	인터넷환경, 이동통신환경
	즉시성	사후기록, 인터넷 연결시에만 정보 공유	사후기록, 현재시점 기록, 인터넷/이동 통신 연결 시 정보공유	사후기록, 인터넷 연결시 창작/공유	사후제작, 인터넷 연결시 콘텐츠 공유	실시간 기록, 인터넷/이동 통신 연결 시 정보공유

〈표 63〉 연간 판매촉진 전략

월별	행사	이벤트 기준 및 판촉활동
1	시무식, 신년회, 설날, 대입합격축하회	POP부착, 새해선물(식사권, 할인권 등)을 연하장에 넣어 DM발송, 내점고객 선물 증정(복주머니, 복조리 등)
2	입춘, 봄방학, 졸업식, 환송회	졸업축하 이벤트, 발렌타인데이 특별 디너세트 판매(꽃, 샴페인증정, 초콜릿), 봄맞이 환경처리 실시, 현수막 부착, DM발송(리스트 입수), 정월대보름 오곡밥 축제
3	입학식, 환영회, 대학개강 파티	입학식, 환영회(행사유치를 위한 사전 홍보활동 및 선물제공), 화이트데이 이벤트 실시, 봄 샐러드 축제와 꽃씨제공
4	봄나들이, 한식, 식목일	신 메뉴 개발, DM, 각종 차량에 안내장 부착
5	어린이 날, 어버이 날, 스승의 날, 성년의 날	어린이날 특선메뉴 및 기념품 제공, 가정의 달 효도대잔치(카네이션, 기념사진 등), 독거 소년·소녀와 노인 초청 행사, 서비스 콘테스트 실시, 광고 등
6	각종 체육회, 현충일	국가 유공자 가족 초대회(할인행사)

월별	행사	이벤트 기준 및 판촉활동
7	여름보너스, 휴가, 초중고 방학	DM, 여름철 특선 메뉴 실시(빙수, 생과일 쥬스, 호프, 야외 바베큐파티 등), 삼복더위 축제
8	여름휴가, 초중고 개학	한여름 더위를 식힐 화채 개발 시식 및 각종 우대권 제공
9	대학개학, 초가을레저, 추석	도시락 개발, 행락철에 T/O
10	운동회, 대학축제, 결혼러시, 단풍놀이 행락객	가을미각축제, 과일축제, 송이축제, 전어축제, DM발송
11	학생의 날, 취직, 승진축하	찜요리 축제, 입시생을 위한 특선메뉴(건강식), 송년회 및 회식안내(DM)
12	송년회, 겨울방학, 겨울레저, 첫눈	크리스마스카드 및 연하장 발송(할인권), 점내 POP부착
기타	단골고객의 날 이벤트 개최, 생일 축하, 월 시식일 등	고객관리, 선물 또는 무료 식사권 제공

일일 매출 규모별 적정 관리 내역

(1) 하루 매상 40만원-창업 실패한 업소

한 달 총매출 : 40만원 x 30일 = 1,200만원

재료비(30%~35% 안팎) : 450만원 안팎

임대료&공과금&인건비(35%~40% 안팎) : 500만원 안팎

순이익률(22%~30%) : 250만원 ~ 350만원(사장이 주방이나 매장일을 하는 상태)

(2) 하루 매상 60만원-평균 성적을 거둔 업소

한 달 총매출 : 60만원 x 30일 = 1,800만원

재료비(30%~35% 안팎) : 600만원 안팎

임대료&공과금&인건비(35%~40% 안팎) : 700만원 안팎

순이익률(23%~32%) : 400만원 안팎(사장이 주방이나 매장일을 절반 정도 하는 상태)

(3) 하루 매상 150만원-대박 아닌 중박을 이룬 업소

한 달 총매출 : 150만원 x 30일 = 4,500만원

재료비(30%~35% 안팎) : 1,600만원 안팎

임대료 & 공과금 & 인건비(35%~40% 안팎) : 1,700만원 안팎

순이익률(25%~33%) : 1,200만원 안팎

(4) 하루 매상 30만원~40만원 일 경우-폐업 갈림길의 음식점

말 그대로 입에 풀칠하고 있는 상황에서 사업을 접지도 못하는 상황인 음식점을 말한다. 수입이 적기 때문에 사장이 직접 주방일을 할 수밖에 없다. 인건비 지출을 줄여야 하므로 종업원은 1~2인만 고용할 수 있는 상태다. 종업원 1인 고용 시 매장을 전부 담당하지 못하므로 사장 부인이 주방일도 거들고 매장일도 거드는 상황이 된다. 이렇게 되면 부부가 힘들어 지게 되고, 부인의 바가지 지수는 높아지며 이때쯤 되면 음식점 장사에 대해 체념하게 된다.

이런 점포는 십중팔구 1년 안에 문을 닫게 되거나, 코가 꿰인 상태로 어찌지도 못하고 사업을 하는 상태가 지속된다.

하루 평균 매상 30만원 이하이면 이건 동네에서 관심조차 받지 못하는 음식점이란 뜻이고, 맛없는 집이거나 망해가는 음식점이라는 뜻이다. 다시 말해 동네 손님은 없고, 아주 소수의 단골손님과 우연히 걸려든 뜨내기손님을 받는 업소이다.

 5천만원 이하 소자본 창업을 하면서 준비를 제대로 하지 않으면 이런 일이 쉽게 발생한다. 가장 큰 이유는 업종 선택이 잘못되어서이거나, 맛이 없어서이다. 이런 경우 1일 매상 폭의 변동이 매우 심한데 이것은 고객들에게 안 가도 되는 음식점으로 각인됐다는 뜻이다. 창업 15일이 지나도 하루 평균 매상이 30만 원 이하이면 바로 업종 변경을 해야 한다. 만일 밥집이었다면 술을 취급할 수 있는 업종으로 변경을 시도하면 매상을 더 올릴 수 있다.

(5) 하루 매상 60만원 일 경우-생활 유지형 음식점

하루 매상 60만원이라면 월수입이 400~500만원 정도이므로 집에 생활비를 가져갈 수 있고 음식점 경영 목적으로 자동차를 자유롭게 운용할 수 있는 상태이다. 자동차는 더 싼 식재료를 사러 다니는 용도로 사용한다. 우리 주변에서 볼 수 있는 평범한 음식점들보다는 좋은 실적이므로 일단 '맛' 은 어느 정도 인정받은 집이라고 할 수 있다.

일을 할 때 가끔 자기 일이 행복하다는 생각이 들기도 하고 불행하다는 생각이 들기도 한다. 부부는 일심동체로 사업을 키우기 위해 더 열심히 노력하는 상태가 된다. 건물 임대료에 따라 다르겠지만 종업원은 1~2명 정도 고용할 수 있고 부부 중 한 사람이 주방을 맡아 인건비 부담을 줄일 수 있다.

그런데 이 경우가 가장 위험하다. 당장 먹고사는 방법이 마련되어 있으므로 가끔 행복지수가 올라가기는 하는데, 유명 맛집이 아닌 한 음식점의 매상은 세월이 흐를수록 떨어지기 마련이다. 예를 들어 옆집에 더 근사한 음식점이 들어오면 바로 타격이 온다는 뜻이다. 하지만 기존 단골이 있으므로 바로 매상이 떨어지지는 않고 2~5년 세월이 흘러가면서 아주 서서히 매상이 떨어진다. 어느 날은 매상이 90만원인데 어느 날은 매상이 20만원이 되기도 한다.

(6) 하루 매상 100만원일 경우-돈을 모을 수 있는 음식점

월 900만원 안팎의 수익이 발생하므로 몸은 고생해도 행복지수는 날로 높아진다. 월 순이익 1천만원 수준을 넘기면 이젠 자신의 음식점이 성공하였다고 자부하고, 자기는 가만히 있는데도 돈이 굴러들어온다고 착각한다. 이 상태이면 주방장과 종업원을 여러 명 고용한 뒤 부부는 놀러 다닐 수도 있는 상태가 되지만 돈 버는데 재미가 붙어 꼭 매장에 붙어 있으려고 한다. 이 경우 월수입을 전부 쓰지 말고 생활비를 제외한 나머지는 반드시 저축해야 한다. 저축한 금액은 몇 년 뒤 매장을 확장하거나 직영점을 내는 데 활용할 수 있다. 직영점 3개 정도 내면 더 바쁘게 살겠지만 최소한 돈 걱정은 안 하고 살 수 있을 것이다. 또한 천천히 프랜차이즈 사업을 시도할 수도 있다.

(7) 하루 매상 150만원일 경우-흔히 말하는 중박 음식점

하루 매상이 150만원인 점포는 흔히 말하는 중박 이상의 성공한 음식점들이다.

유명 햄버거 프랜차이즈 중에서 입지 조건이 나쁜 지방에 있는 점포인 경우 일매 110만원 정도를 찍는다. 대도시에서 지명도 낮은 지역에 있는 유명 햄버거 체인점들이 일매 130만원~180만원을 찍는다. 그리고 재래시장에서 볼 수 있는 시장 빵집 중 항상 손님이 바글바글대는 빵집이 일매 170만원을 찍는다.

30평 규모의 유명 한식 프랜차이즈 중에서 장사가 잘되는 점포가 일매 150만원 찍고, 장사가 잘되는 주점, 호프집, 고깃집, 일식집, 분식집이 일매 150만원을 찍는다.

(8) 하루 매상 200만 원-혼히 말하는 초대박 음식점

하루 매상 200만 원이면 객단가 7천 원 기준 1일 300인분을 판매하는 초대박 음식점이다. 월 1천 500만원~2천만원의 순수익이 발생한다. 물론 고기를 박리다매하는 주점이라면 이익률이 더 낮아질 것이다. 하루 200만 원 매출이 발생한다면 더할 나위 없이 좋은 시나리오이고 프랜차이즈 사업을 시도해도 성공할 확률이 높다. 또한 매출이 조금 떨어질 무렵이면 장사에 싫증날 수도 있는데 이때 권리금을 많이 받고 바로 팔아 버릴 수도 있다.

그런데 하루 매상 200만원 찍으려면 단골과 유동 인구가 중요하다. A급 상권에 입점한 유명 패스트푸드점, 외식업 체인점이 일매 200만원 이상 찍는다. A급 상권에서 장사가 잘되는 고깃집, 한정식, 횟집, 주점, 퓨전음식점, 유명 한식체인점, 일식집, 분식집이 일매 200만원 이상 찍는다. A급 상권에 있는 퓨전포차도 히트치면 일매 200만원 이상 찍는다.

(9) 하루 매상 300만원 이상-맛집이거나, 유동 인구가 많거나, 매장 크기가 큰 음식점

유동 인구가 많은 오피스 밀집 지역은 20평 크기의 분식점도 장사를 잘하면 일매 300만 원 이상 찍기도 한다. 또한 지방의 전통적인 맛집이거나, 점포 크기가 상대적으로 큰 경우다. 객단가가 높은 음식점이거나, 부촌에서 장사가 잘되는 음식점이 이에 속한다.

A급 상권이거나 강남 부촌 등에서 장사가 잘되는 고깃집, 주점 등이 일매 300만원 이상 찍고, A급 상권으로 비즈니스 밀집 지역에서 장사가 잘되는 20평 크기의 분식점이 일매 300만 원 이상 찍는다. 대형 아파트단지에서 맛으로 유명한 개인 빵집도 일매 300만원 이상 찍는다.

갈비 숯불구이집이 부촌에서 초히트치면 일매 1,000만원을 찍는다. 바닷가의 유명 횟집이라면 일매 400만원 이상 찍는다. 더 유명하고 드라이브족이 많이 찾는 횟집이라면 일매 700만원을 찍기도 한다. 도시 외곽에 새로 음식점을 세웠는데 맛집으로 유명세를 타면서 손님들이 몰려온다면 일매 300만원 이상 찍고 업종에 따라 일매 500만원 찍는 집과 일매 700만원을 찍기도 한다.

(10) 하루 매상 1천만 원-기업형 음식점

유동 인구가 많은 곳에 위치한 유명 패밀리 레스토랑 가맹점들은 보통 일매 1천만원 이상을 찍는다. 유명 프랜차이즈의 본점은 대부분 대형이다. 이들 중 장사를 잘하는 본점들이 보통 일매 400만원, 500만원을 찍고, 일매 1천만 원 이상 찍는 본점도 있다. 보통 고깃집, 쌈밥집, 보쌈집, 오리요릿집처럼 객단가가 높은 업체들의 본점이 가능하다.

〈표 64〉 한식 갈비집의 초기 창업비용

품목	내용	금액
가맹비	· 상표사용권 부여 및 지역 독 점영업권 보장	· 400만원 ※전략지역 할인이벤트 확인
교육비	· 가맹점 운영 교육 및 매뉴얼 제공, 노하우 전수	600만원
물품 보증금	· 본사 공급 원부자재에 대한 예치금(가명계약 해지 시 반 환)	~~400만원~~ → 200만원 ※200만원 할인행사
점포개발비	· 나이스비즈맵과 SK텔레콤 상 권분석 시스템	~~100만원~~ → 0원 ※100만원 할인행사
인테리어	· 설계 및 3D 디자인/바닥타일 공사 · 목공사(자재/인건비/유리 · 금 속 공사 · 전기, 조명공사/도장, 필름공 사/사인물 일체	4200만원 ※33m² 당 140만원
홀/주방기물	· 2인/4인 테이블, 단체석 일체 등	1500만원
간판	· 외부 전면 잔넬 텍스트 간판 (4M) · 돌출 간판 및 사이드 간판	450만원
기기설비	· 로스터(착화식), 삼중불판 · 냉장/냉동고, 간데기 etc, 육 류냉장고 등 · 샐러드바, 아이스크림케이스, 식혜, 커피머신	2250만원
홍보/오픈지 원	· 웹카메라 1대/음향기기SET/홍 보물 및 조형물 일체	50만원

〈표 65〉 외식업 초기 창업비용(단위 : 만 원)

구분	99.17m²	132.23m²	165.28m²	198.34m²	세부내역	비고
가맹비	800	800	800	800	상호·상표사용(브랜드가치) 등	소멸
교육비	200	200	200	200	메뉴·운영·서비스·식자재 교육	체류비 등 점주부담
인테리어	3900	5200	6500	7800	목공사, 설비, 방수공사, 천정, 전기 등	평당 130만 원
간판	500	600	700	750	전면LED간판, 돌출간판 등	그 외 별도
닥트	550	700	850	1000	외부 2층 기본, 내부 및 주방 닥트	3층 이상 별도
테이블·의자	400	520	640	760	홀 의·탁자	
테이블렌지	270	350	430	510	2구렌지	
주방기기·홀집기	2100	2700	3300	3900	식기세척기, 주방기기 등	주물불판은 본사 무료 대여
인쇄·홍보·소품	200	250	300	400	이벤트, 전단지, 추억의 소품 일체	
합계	8920	1억1320	1억3720	1억6120		

참고문헌

김동순, "식당 창업 퓨전옷 입고 웰빙 바람", 창업경영신문 (2014.5.7.), 제 350호.

김상혁(2009), 「외식마케팅론」, (서울: 백산출판사).

김상훈, "불황기에 강한 만두 전문점", 외식경영, (2016.11), 122-123.

김숙응(2008), 「마케팅의 이해」, (서울: 형설출판사).

김숙희(2007), 「세계의 식생활과 음식문화」, (서울: 대왕사).

김영갑. 박노진(2016), 「성공하는 식당에는 이유가 있다」, (서울 : 교문사).

김영식. 전용수. 권규미, 「외식경영사례」, (서울: 기문사), (2015), 321-355.

김윤태(2006), 「호텔 외식산업 메뉴관리론」, (서울: 대왕사).

_____,(2016), 「현장실무, 외식산업개론」, (서울: 대왕사).

김은희(2007), 「접시에 뉴욕을 담다」, (서울: 그루비주얼).

김진한(2008), 「전략적 포지셔닝 이론과 사례」, (서울: 와이미디어).

김현희. 이대홍(2015), 「외식창업실무론」, (서울: 백산출판사), 18-19.

민계홍(2007), "한(韓)브랜드 활성화를 위한 전주지역 한식당의 메뉴품 질평가에 관한 연구", The Korean Journal of Culinary

Research, 제13권, 제3호.

박기용(2009), 「외식산업경영학」, (서울: 대왕사).

박선정, "추억과 낭만의 맛 낙지", 월간식당, (2017.10.), 142-143.

박찬수(2006), 「마케팅원리」, (서울: 법문사).

박천수, "프랜차이즈 100", 창업경영신문, (2013.6.27).

변명식(2006), 「유통경영론」, (서울: 학문사).

이내경, "건강하고 푸짐한 쭈꾸미 한상", 월간식당, 2017.12. 158-159.

이은영, "신뢰로 키운 종합식자재 유통전문점, 송화푸드월드" (2016. 11), 140-241.

이재형, "꿈의 매출달성한 이비가 브랜드 성공 비결", 외식경영 (2016.2), 124-125.

장세진(2006), 「글로벌경영」, (서울: 박영사).

장익종(2006), "식품 신제품 개발 성공사례 : 햇반", 식품과학과 산업.

전영직(2009), "외식산업의 인터넷 마케팅효과에 관한 연구", 호원대학교.

최승국(2006), "관광호텔의 식음료부문 품질관리를 통한 마케팅방안 연구", 한국콘텐츠학회논문지, 제6권, 제1호.

Altiok, P.(2011), "Applicable Vision, Mission and the Effects of Strategic Management on Crisis Resolve," Procedia-Social and Behavioral

Sciences, 24.

Baldwin, C.R. & C.J. Woodard(2009), The architecture of Platforms: A Unified View, UK. Cheltenham: Platforms, Markets and Innovation.

Bartkus, B., M. Glassman & B. McAFEE(2006), "Mission Statement Quality and Financial Performance," European Management Journal, 24(1).

Beshel, B.(2010), An Introduction to Franchising, WashingtonL IFA Educational Foundation.

Bumette, P.(2011), Mobile Technology and Medical Libraries: Worlds Collide, The Reference Librarian.

Campbell, D., S. Datar & T. Sandino(2007), "Franchising and Control across Multiple Markets: The Case of the Convenience Store Industry," Working Paper, Harvard Business School, 74(1).

Cochran, D.S., F.R. David, & C.K. Gibson(2008), "A Framework for Developing an Effective Mission Statement," Journal of Business Strategies, 25(2).

Donahue, S.(2004), "Shifting Sands. Berrett-Loehler Pubishers," E.J.

McCarthy & W.D. Perreault(1987), Basic Marketing, 9th ed. Irwin.

Felicitas M., W. Herzog & T. Tomczak(2007), The Role of Brand Specific Transformational Leadership for Employee Brand Building Behavior, American Marketing Association.

Genc, K.Y.(2012), "The Relation between the Quality of the Mission Statements and the Performances of the State Universities in Turkey," Procedia-Social and Behavioral Sciences, 58.

Knowle, M.S., E.F. Holton & R.A. Swanson(2012), The Adult Learner, 6th ed., Routledge.

Koslowski, P.(2010), Elements of a Philosophy of Management and Organization, Heidelberg: Springer.

Li, L.(2005), "The Effects of Trust and Shared Vision on Inward Knowledge Transfer in Subisidiaries

한눈에 읽는 외식창업 성공이야기 [시리즈 4]

건강 · 행복 · 웰빙의 상징 한식 전문점

발 행 일 : 2018年 6月 1日

저 자 : 김 병 욱

발 행 처 : 킴스정보전략연구소

홈 페 이 지 : http://www.kimsinfo.co.kr

주 소 : 서울시 강동구 성내로8길 9-19(성내동
550-6) 유봉빌딩 301호(☎ 482-6374~5,
FAX : 482-6376)

출판등록번호 : 제17-310호(등록일: 2001.12.26)

인 쇄 : 으 뜸 사

I S B N : 979-11-7012-139-8

※ 당 연구소에서 발간하는 도서구입, 도서발행, 연구위탁, 강의, 내용질의,
컨설팅, 자문 등에 대한 문의 ☎(02)482-6374.